仏教の名随筆

1

国書刊行会編集部――編

国書刊行会

目次

幸福

紀行

仏教の名随筆 1

幸福な生き方

武者小路実篤

武者小路実篤〔むしゃのこうじ　さねあつ〕

明治十八年（一八八五年）―昭和五十一年（一九七六年）

小説家。友人・志賀直哉らと雑誌「白樺」を創刊し、白樺派の中心となって活躍。代表作に『お目出たき人』『友情』『真理先生』など。理想社会の実現を目指し「新しき村」を創設し活動に取り組んだ。独自の画風を持つ絵を描いたことでも知られている。

●本作は昭和三十一年（一九五六年）に発表された。

＊

人間は誰れでも不幸はさけて、幸福になりたいと望まないものはないであろう。しかし不幸にはなろうと思えば何時でもなれるものだが、幸福になるにはそれだけの用意も必要だし、用心も必要である。

例えば病気になりたいと思えばすぐにでもなれるが、病気をなおすのはすぐというわけにはいかないというようなものだ。また他人の信用をうしなうのはすぐにも出来るが一ぺんうしなった信用を取り戻すのはなかなか大変なことであるようなものだ。一時的に幸福を感じても、その幸福はすぐ不幸に変じやすい場合があるとすれば、その幸福はほんとうの幸福とはいえない。その人が幸福であるか不幸であるかは一生を通してみてわかることで、自分の一生を考えずにそのときのことばかり考えて行動すれば、その人は結局不幸になる場合が多い。

＊

その反対に、将来に望みをおいて苦しむ場合は、ほかから見て不幸に見えても、当人にとっては未来に希望が持てるので、苦しみ甲斐があり幸福だといえる。

真の幸福とか、不幸とかいうことは外見ではわからない。その人の心の問題である場合が多いように思われる。どんなに幸福そうに見えても、心に悲しみがあれば幸福とはいえない。もちろんよほど心の修行が出来ている人は別だが、たいがいの人は境遇によって幸不幸が定まる場合が多いから、外見で幸不幸がだいたい判るといってもいいかもしれない。

すくなくとも食うに困ったり、住むに家がなかったりしては幸福とはいえないと思うし、金に困って不義理をしなければならない生活も幸福とはいえないから、幸福の最少限度の条件としてある程度の収入は必要かと思う。

＊

しかし生活に困らなければそれで人間は幸福だというわけにはいかない。よろこびの全くない生活は、幸福な生活といえないのは当然なことである。

心たのしく生活することが出来れば、その人は幸福だといっていいと思う。その心の楽しさも変化しやすいものであったら、その幸福はあまり信頼の出来ないものになるが、まずまず心楽しく生活することをのみこんだ人は幸福だといっていいように思う。

幸福は特別な人が味おうものではなく、誰れもが毎日の生活を心楽しく希望をもって生活できれば、その人は幸福な人だといっていいと思う。僕は悟った人間というものは知らないが、しかし僕の一番尊敬する画家に梁楷《りょうかい》という絵かきがある。その人の画いた絵に達磨さんから六代目になっている偉い坊さんが竹を切っている絵がある。僕はその絵を見て本当に悟った人は奇抜な生活をする人ではなく、ごく真面目な日常生活のうちに実に落ちついた、しみじみした生活をする人だと思った。

竹を切るということは誰れにでもできることだし、誰れがしても別にむずかしいことではないし、深い考えがなければ出来ないことでもない。

しかし同時にどんな悟った人でも竹を切る必要があれば竹を切るであろう。竹を切るそのことはごくつまらないことではあるが、梁楷のその絵を見ていると、どんな大事件にふれた人を画いたものよりなお大きな人生にふれた絵のような感じをうける。

つまり竹を切るようなことでも、本当に悟った人であればそのときはそれでいいので、その時はそれをするのが最上のことになるわけだ。

僕は日常生活の平凡な生活に見えるそのうちに、もっとも深い生命力を感じてそれでしっかり落着き、満足している人がつまりは一番幸福な人だと思う。冒険をしたり、特別の生活をしなければ人生の妙味を味わえないのであったら、人間の生活は実に不安定なものだと思う。

*

それに反して極く平凡にみえる生活のうちに人生の無限の深さを味おうことが出来る人があったら、その人こそ本当に悟った人といえるのだと思う。

僕はすべての人に悟った人間になれとはいわないが、しかし平凡な日常生活のうちに落着いて毎日々々を真面目に生活しながら、そのうちに深い味わいを味おうことをのみこみ、そこに安住しながら、毎日を楽しみ働いている人こそ一番安定した幸福を味わっている人だと思う。僥倖《ぎょうこう》を望んで、僥倖を得られることが幸福のように思っている人もあるかもしれないが、そういう幸福は一時的に人を酔わす力はあるかもしれないが、その酔いがさめたときに尚、幸福でいられる人はごくまれのように思う。

それよりはごく地味に毎日の生活を送りながら、希望と感謝を忘れずに健康をそこねないように注意して真面目に働いて毎日を送って、そのうちに喜びを味おうことが出来る人があればその人は幸福な人といえるように思う。幸福はまぐれあたりで得られるものではなく、勤勉な生活のうちに次第に築き上げらるべきものである。

どんなときでも人間はこうすればいいということが必ずあるもので、そのこうすればいいということを少しずつ実現してゆくことで、われらは未来に希望が持て、また幸福を築きあげて行くことが出来るのだと思っている。

貧富幸不幸

幸田露伴

幸田露伴〔こうだ　ろはん〕

慶応三年（一八六七年）—昭和二十二年（一九四七年）

小説家、文芸評論家。自主独立の精神を持つ作家として、明治文学の一時代を築いた。中国文学、仏教や儒教にも深い素養があり、独自の随筆や史伝を多数著す。代表作に『五重塔』『風流仏』『芭蕉七部集』の評釈など。

●本作は大正十二年（一九二三年）に発表された。

もしそれ真の意味に於《お》いて言を為せば、貧と富とは幸福と不幸福とに対して相即《つ》くところは無い。貧でも幸福であり得、また不幸福であり得、富でも不幸福で有り得、また幸福で有り得るからで有る。しかし世上普通の立場に於て言を為せば、貧ということは不幸福を意味し、富ということは幸福を意味することになって、貧富は幸不幸に相即くものとなって居る。貧は不自由と少能力との体であり、富は自由と多能力との体であるからであり、また実際に於て世人の多数は、体験上に貧即不幸、富即幸の感を繰返すことの少《す》く無《な》い記憶からそう認めているのである。

理窟は附けかた次第のものである。感じは変移不定のものである。どちらも余り当《あて》にはならない。貧富を幸不幸から引離してしまおうというのも、理窟は兎《と》に角《かく》、余り甘心する人はあるまい。貧富を幸不幸に即けてしまおうというのも、そんなに面白い見解では無い、俗過ぎる。

釈迦の弟子の中に優れた者が二人あった。その一人は富家の出であった。そしてその男は富者を憐愍《れんびん》した。それは富者をかわいそうなものだと真実《ほんとう》に感じていたからで、そこで済度の善好因縁を造り出そうが為に、その男は貧者をしばらく擱《お》いて富者にのみ接近して、これを善誘せんと、托鉢する場合には富者の家の前にのみ立った。他の一人は貧家の出というほどでも無いが貧者を憐愍して、つくづく貧者を幸福にしたいと思った。そこで自分の托鉢する場合には貧者の家をのみ択《えら》んで立って、伝道化度の好因縁を造ろうとした。富貴の門はその顧《かえりみ》るところで無かった。二人とも道理のある考で有り、美しい感情の流露であった。しかし釈迦は二人を弾可した。それは傾かんよりは平らかに、私有らんよりは公に、貧富を択むの念に任せずして平等に化度したが宜しいという意に於《おい》てであった。これは勿論もっともの事で、人天の導師、一代の教主たる以上はこう無くては叶《かな》わぬ筈である。釈迦の親族で、無論高貴の種姓で、そして二十相好を具えたと云わるる美男で、かつまた心の優しい、しかも道に進むの望を有して弟子となっていた阿難《あなん》は、この事を目撃して、成程貧富を平等に視なければならぬと考えたので、如何なる家をも択ぶこと無く接近した。ところが阿難はまだ前の二人の弟子にも劣っていた境地の身分であった。ただその所行のみが釈迦の言を実現したのだった。そこで偶然に最も鄙《いや》しい種族の家をおとずれると、忽《たちま》ち其家《そこ》の女に惚《ほ》れられてしまった。貧富の前に大手を振って歩いたのは可いが、恋という変な者に掩撃《えんげき》されたので、鉛の獅子《しし》が火に逢ったように忽ちぐにゃりとなってしまって、捕虜にされて危く自体を失わんとするに至った。この魔鄧女《まとうにょ》因縁の譚は面白いことを表わしている。貧富などいうことは恋の烈火の前には一片の塵ぐらいなものだ。

閑話休題、貧者は多い、富者は少い。貧の為に嗟嘆したり怨憤したり、甚《はなはだ》しきに至っては自ら殺し、人を殺すに至る者もある。されば同じ事なら貧の為に何か言ったり考えたり行《や》ったりした方が面白い。少くとも多くの人は貧乏が大嫌いで、その嫌いなものが生憎附《つき》纏《まと》って来るので困苦しているのだから、貧即不幸なんぞという妄信ぐらいは除却するようにしたいものだ。しかし自分も貧乏が大好《だいすき》だとも云兼《いいかね》る。貧乏神の渋団扇で煽《あお》がれて戦《ふる》えながら、ああ涼しいと顎を撫でるほど納まりかえっている訳にも行かぬ。また多くの人に対して貧乏宗宣伝を試みんとする如き料簡も無い。ただ貧の為に、貧即不幸と決めている人々があったら、その妄信を妄信なりとして排したい。

貧乏は嫌がるから辛いので、辛いから不幸を感じるのだ。渋いものや苦いものは嫌がる人が多いには違い無い。しかし嫌がるべしと定まった訳でも無い。嫌がらない人になれば銭を捐《す》てて渋うるかを買って食べて喜んでいる。蕗《ふき》の薹《とう》を温灰焼にして食えば苦いには違い無い、しかし中々佳い味だ。甘いものは好む人が多いには相違無い。しかし甘藷など食うのは、嫌がる人になれば随分恐ろしい刑罰ぐらいに思うものもある。蛆《うじ》の生じているものは食いたがらぬ人が多い。しかしチーズを嗜む者は誰が蛆を嫌がろう。蜂の卵を食うのは蛆その物を食うのであるが、嫌がらぬ段になれば高い価を払ったり、または蜂に螫《さ》されなどしてもその品を得て喜んで居る。魚や鳥獣の肉は、人々皆自己等《おのれら》はその新鮮なのを賞していると思っている。そして少しも嫌がって居らないのであるが、何ぞ知らん真に新鮮な肉を提供すれば、この魚は寄生動物が居るとて鰹《かつお》や鰤《ぶり》を人々は斥くるであろうし、この雞肉は硬い、この牛肉は硬いとて人々は喜ばぬであろう。人々はやや陳《ふる》い鰹や鰤や雞肉牛肉を嫌がらないで、実は自己等の嫌がらぬ度合のやや古い魚鳥獣肉を新鮮と名づけて居るのである。煙草を厭わぬ動物は少い。人間も初めて吸煙する時、咳をしたり涙をこぼしたり眩暈《めまい》気味を感じたりせぬものは少い。しかし嫌がらぬ段になれば驚くべき消費を敢てして、獅子の香炉の如くに鼻の孔から白い煙を吐いて、こればかりはやめられぬなどと喜んでいる。人々回顧を試みよ。幼年時代少年時代より壮老に及んで、自己の最大喫緊事件たる食物に於ける嫌がる嫌がらぬと好く好かぬとの変化遷移に驚かぬものは無かろう。初めは何人《なんぴと》と雖《いえど》も甘いものを好み、漸《ようや》く成長するに及んでは、砂糖の多い物即ち美味なりとするが如き幼稺《ようち》の境を蟬脱《せんだつ》して、甘味即美味の妄なるを不知不識の間に会得し、また幼稺の時代に於《おい》て嫌がった多くの物に於て嘆美すべき真味の佳なるものの存することを認めるに至るであろう。

嫌がる嫌がらぬというは主観的である。そしてこの主観的のそれはただその時に於てのみ真である、他の時に於ては真で無くなるのは争うべからざる事実である。しかし時間に於て持続し、多数間に於て相同じき時は、牢として抜くべからず、儼《げん》として動かす可《べ》からざるものの如く見え、習慣的惰力を生ずるに至るのもまた争う可からざる事実である。貧を嫌がり、その嫌がるところの貧に附纏《つきまと》われ勝なところから、貧即不幸と感ずるのもこの理によるのである。が、貧と不幸とは必ずしも徹頭徹尾取離すことの出来ぬ関係にあるものでは無い。甘味即美味とする幼稚の味覚と、富即幸福とする多数人の考とは、事情が甚《はなは》だ酷《よ》く相肖《あいに》ている。甘味少ければ美味ならずとするのと、貧即ち不幸福とするのとは、甚だ酷く相肖ている。その実を云えば、貧でも幸福があり得、富んでも不幸があることは、少しく世相を看破した人にあっては誰も認知していることであることは、喩《たと》えば砂糖の有無多少が必ずしも美味不美味に正比例をなさぬと同じきが如くに受取られるのである。多数の厨婦が砂糖や味醂《みりん》の崇拝と妄用によって却って真の美味を害する結果を生ずると同様に、多数の人々は富の崇拝、貧のいやがりに因って、却って真の幸福を自害自損している。

貧を厭い富を欣《よろこ》ぶの念を今少し緩くするか、もしくはこれを放下しさえすれば、幸福を生じ、もしくは幸福であり得るものを、貧即不幸福の俗見に囚わるることの甚《はなはだ》しい為に、却《かえっ》て幸福を失していることは甚だ多い。貧即幸福と云っては矯激になるが、貧を厭うの念をさえ忘るれば即座に幸福であり得るものを、厭貧の念に駆られて悶々戚々の境を現じて居る者の甚だ多いのは、その人の為に痛惜に堪えぬことである。人皆原憲顔回《げんけんがんかい》たれというのでは無いが、蓬樞甕牖簞食瓢飲《ほうすうおういうたんしひょういん》でも幸福の存し得るものであることを会し得て的確ならば、貧もまた然《さ》のみ厭わねばならぬもので無いことは明らかである。原憲顔回の境界《きょうがい》に到らずとも、遊外《ゆうがい》老人位でさえ、「貧は人を苦めず、人貧に苦しむ」という句を吐いている。老人は貧の人を苦しめぬものであることを知って幸福に朝暮を送り得たのである。語り物によれば、貧乏で名高い曾我の若殿に愛を捧げた美人も、「貧の病は苦にならず、ほかの病の無かれかし」と喝破している。いい女だ、洒落ている。意気愛す可《べ》しだ。勿論恋愛というものは桂馬という将棋の駒が如何なる他の駒の威厳をも無視して働くように幽奇神奇の働をするものだから、恋愛に憑かれた者は随分俗物でも貧富位は容易に突破超越してしまうのであり、貧乏即不幸福などいう妄見はその霊光によって照破してしまうのである。俚謡《りよう》に「竹の柱に茅の檐」と唱うのも、「手鍋提げても」と唱うのも、貧即不幸福の妄見を照破してしまっている手近い例だ。しかし貧乏嫌いの女房となると、亭主に対《むか》って「ほかの病は苦にならず、貧の病の無かれかし」と念ずる。黄金運の無い夫と見ると、生命保険にさえ入って居て呉れれば卒中で死んで貰った方が世の中の融通が好い位に思わぬでも無いか知れぬ。それも中々洒落ているだろうか知らぬが、亭主の身になっては面白くなさそうだ。そこで亭主も富即幸福の宗門に帰依してしまう。しかし富には到り易く無い。即ち大抵は幸福を感ぜずに、埋地の足前《たしまえ》にもならないアスガラになってしまうのである。いよいよ面白くなさそうな事だ。寧ろ貧富と幸福不幸福とを正比例だと思う如き妄見を脱却して、貧乏は貧乏でも幸福は幸福であるという見方にして、灰打ちたたく鰛《うるめ》一枚を二人で飯の菜にしても、清く面白く暮らした方が端的に美的生活即幸福生活である。「細工人は一生貧なるものと覚悟して」と云った彫金家の安親の生活は幸福であったろうと思われる。明治のその彫金家は富んだ。しかしその生活は美的でも幸福的でも有ったとは想えぬ。

貧即不幸福の宗門者は、ともすれば食えなくては堪らぬということを説く。恋しさとひもじさとでは、ひもじさが痛切だという意味の歌が有る。また「死ぬほど惚れても貧乏人はいやだ、出来りゃ吾が児が寒ざらし」などいう俚謡もある。いずれも半面の真を露わして居るが、全部の真では無い。半分は嘘だ。安心すべし、身を投げて死なんとしても大抵は死ねぬ世である。「肩あれば着ざる無く、口有れば食わざる無し」という古語の通りで、肩が無くならぬ限り、口が無くならぬ限りは、飢寒で死ぬことは少い。露西亜《ロシア》の如き国状を醸し出すところの狂妄陋悪《きょうもうろうお》の思想や感情が行われたら飢餓で死ぬ人も沢山出来るであろうが、然《さ》もない限りは貧乏は生命に別状は無いものだ。貧乏を嫌がる強迫観念の強烈なのに囚われたものだけが生命に別状を起すのである。滔々《とうとう》たる世上の人、実は大なり小なり厭貧的強迫観念に囚われて苦しんでいるのでは有るまいか。稀有な事例に属する病的苦悩を抱いて居る者を、医家も世人も強迫観念に囚われて居るというが、達者の眼から看たら大抵の人は貧即不幸福の強迫観念所有者で、それは慥《たしか》に病的であるのでは有るまいか。一ツ目小僧ばかりの国へ行ったら二ツ目のある普通人が見世物にされたというのと同じ話で、古《いにしえ》から貧乏を然ほど苦にせぬ人々は、貧乏を苦にする人々の多い世の中では奇談の材料とされ稀有の変人とされているが、実は多くの貧を苦んでいる人々の方が、苦んでいるだけ即ち病的なのでは有るまいか。貧乏で首を縊《くく》る人も無いことは無い。しかしそれは貧乏がその人を殺したと云わんよりは、貧乏即不幸福の強迫観念がその人を殺したと云った方が正しかろう。何故というに、貧に安んずれば必ずや死に臨む前に於《おい》て既に早く幸福と希望と勇気とを得て、極端の場合に差逼《さしせま》るに至らずに済むであろう。貧乏を嫌がり嫌がりて日を送るから愈々《いよいよ》貧乏になる。愈々貧乏になりて極端の貧乏と面を対わすに及んで堪えられなくて死を取る。その心状は悲しむべき者である。故にその死を取らんとするに当りて偶々或《たまたまある》事情によって死せざるを得る時は、その病的観念は却て破壊し潰滅して、そこに健的の人と更生し、即ち勇気に満ち希望に生くる人となって働き出し、そして社会に於ける地平線上の人となるに至るを得るの実例は数々見受くるところである。

忌憚無く言わしむれば、貧即不幸福の妄信が生じてより以来、人々は長い間沈淪している。しかしこれは世が未だ進歩せぬからである。砂糖気の少い者は美味で無いと信じている程度の味覚を有せる如き人々の程度であるからである。そして今日の人々は他人の有《も》てる砂糖を我等が有ち得たらば幸福で有ろうと云うが如き妄想を有している。学者も為政者も社界の真の幸福を希求する人々も、財の分配がすべよく行われたら社会は幸福になるだろうと思っている。しかしその根本には甘味偏重の幼稚なる感じの如き財利偏重、貧乏大嫌いの幼稚なる考が強迫観念の如く附纏《つきまと》うている。真の幸福というものはそんなところから獲得されるものでは無い。馬鹿馬鹿しい程後れている世だ。快よくその幼稚な境界を世が経過してしまわぬ間は、世は何時までも不幸福を感ずる人によって満たされるであろう。

富即幸福の信条に住して偶々富を得た人々の方はどうだ。この人々の中、聡明な資質を有して居る人々は、自己の妄信が自己を幸福に為さ無かった事に気づかぬ訳には行かぬ。極々《ごくごく》愚鈍の富者は小間物屋の肆前《みせさき》に立って、噫《ああ》悲しい哉《かな》、今は吾が買う可《べ》き何物をも新に見出し得ざるに至ったと嘆じて、何か買いたい物の有った時の幸福さを味わうと同時に、豊満せる財嚢を抛《う》ち棄てて落涙するという昔話を其儘《そのまま》演出するに終らねばならぬ。それ以上の大病的なる富者は、既に富んでもなおその心は貧しくて、弥が上にも富を欲して、一生貧乏人と同様に戚々汲々として終る者もある。これは本より痴愚瘋癲《ちぐふうてん》の類で、三度も生れ代らなければ貧乏人にもなれぬ程の不幸な人で、論外である。そこで富者は富即幸福の妄信の破れると共に、或《あるい》は趣味に生きようとしたり、或は道義に生きようとしたり、或は名誉慾に生きようとしたり、或は知識慾に生きようとしたりするに至る。名誉知識を欲する者は尚他日復《ふた》び背負投を食わされる、その名誉知識を獲得した暁の気づかわれる事であるが、これは中々満足を得難いものであるから、そのうちにお迎えに遭遇して厭々ながら引ずられて行く。最も聰明な者は犠牲的精神に満ちた月日を送るが、仔細に観察すればその日常は高貴でこそあれ、貧乏人が富を得んとして働くのよりも中々楽で無いもので無ければならぬ。楽をしたい、安閑を楽しみたいなどと思う者は忘れても富者などになるべきものでは無い。最もいきな者は全部の富を抛《ほう》り出してしまって、虚実は不《ふ》確《たしか》だが龐居士の如くその日暮らしの笊籬《ざる》造りなんぞになってしまうのである。いい。実にいい。富者になったところで最もいきなのが、笊籬や味噌漉《みそこし》造りになるのである。味噌漉の底にたまれる大晦日こすにこされずこされずにこす、貧乏の方が一寸面白味が有ろう。双六は上らぬうちが面白いのだ。貧富何ぞ論ずるに足らんや、ただ一日を如実に働くべきのみ、幸福も不幸福も忘れた時が真の幸福であるだろう。

幸福について

白洲正子

白洲正子〔しらす　まさこ〕

明治四十三年（一九一〇年）—平成十年（一九九八年）

随筆家。夫は吉田茂の懐刀と呼ばれた白洲次郎。能や絵画、陶器などに造詣が深く、揺るぎない審美眼を通し日本の美についての随筆を多く著す。代表作に『能面』『かくれ里』『西行』など。

●本作は昭和三十三年（一九五八年）に発表された。

先日私は、二十年以上も会わない友達から、突然手紙をもらいました。名前は覚えていましたが、そのほかのことは殆ど何も思い出せません。彼女があまり仕合せでないことは、そんなことは何も書いてないのに、その文面からも察せられましたが、私が書いたものについて、二、三感想を記してくれた後に、こんなことが書いてありました。

昔、大磯の海岸で遊んだことを思い出す。あの頃は楽しかったが、ある日ボートで一緒に沖へ出て、気分が悪くなった時、人が苦しんでいる傍で、あなたは舳《へ》先《さき》に立って大声で歌っていた。その時こんな生活もあるのかなと、大変羨ましく、印象に残った。また自分が洋服を着たいというと、あなたはいきなり裾をまくりあげて、下着のことまで教えてくれた。あれにはいまだに感謝している、云々と。

何でもないといえば何でもないことですが、私は愕然としました。まったく記憶にないことも、きっと毎日そんなことをしていたに違いありません。他人の苦しみに対して盲目であること、これは人間としてまさしく不幸なことではないか。幸福について語るなんてとんでもないとその手紙を読んだ時、実は思ったのですが、六十の手習いということもあります。六十には未だ大分間がありますけれど、三十に大分間があると安心していたのもつい昨日のことのように思われるので、この機会に思い切って考えてみることにいたしました。

世の中がいくら平和になっても、悲惨な事件は絶えないようです。親子心中など、またかと思うように新聞に出ています。たまたまそれに対する社会時評がのっており、自分が死ぬのはとにかく、子供を道連れにするのは人道に反するなんて書いてある。たしかにそれに違いないのですが、そのくらいのことなら、かわいい子供を殺す前に、親は百万遍も考えぬいたことでしょう。だが、どうにもならなかった。あなた方は、高みの見物をしているから、そんなことが言えるのだと、もし彼等が聞いたらそう答えたかも知れません。誤解しないでいただきたい。私は親子心中を奨励しているのではありません。ふつうでは想像もつかないような悲劇について、とやかく批判するのは礼を失する、そう考えているにすぎません。が、まだそこで終ったわけではない。人道主義の次は、愛情の仮面をかぶって、すべてを社会の罪に帰してしまう。まるで自分は社会の一員ではないかのように。

ハンコで押したようなこういう考え方ほど、無責任なものはないと思います。が、しいて善意に解釈するなら、それは誰しも他人の不幸は見るにしのびないでしょう。愛している人が苦しむより、自分が病気になった方がまだましだ、そう思うのは人情ですが、他人の場合もその延長で、どうにもできない自分の非力に対して、ある後ろめたさを感じるものです。だからといって、たとえば社会といったようなもののせいにすることはない、黙って堪えねばならぬことは世の中に多いのではないかと思います。

極端な例を出すまでもなく、やがて訪れるにきまっている老いや死に対して、いったいどんな手が下せましょう。ある老人夫婦は、金持だったのに自殺してしまいました。原因は不明、「社会の罪」にするわけにもいかず、そこにはただ絶望と名づける形なき形があるだけです。他人にとっては想像上の、本人にとっては何よりはっきりした、そういう必然の手にとっつかまったらお終《しま》いです。だが、それでもなお生きる人は生きつづけるでしょう。先頃、私は広島に行き、戦後はじめて行ったのですが、人間から草木の末に至るまで、その生活力の有難さには心を打たれました。ちょうど博覧会が催されていましたが、廃墟から立ち上った彼らこそほんとうに、幸福の意味と、平和の美しさを、肝に銘じて知る人々に違いありません。

お釈迦様は、そういうところから出家して、あきらめを説きましたが、この「諦」という字には本来ものを放棄するという消極的な意味はなく、読んで字のごとく「明らかに見る」ことをいうようです。どんな物でも、見て見て見ぬいたら千々《ちぢ》に砕けるであろう、自分自身でさえ消えてなくなるだろう、何もなくなり自他の区別もなくなった時、この世界を形づくっている一切のものは、互いに動かず争わず、自然のままにあやまちのないことが見えて来るに違いない。マッチは火が出るものときめているが、マッチはマッチで、すらなくては火を発しない。木の葉を動かすものは偶然の風であり、激怒も歓喜もたとえば私という存在とは関係なく、仏の教えすら縁なき時は生じない。とまあそんなむずかしいところまで見極めなくてはアキラメルことにならないらしいですが、ただわかるだけなら何でもない、そういうふうに見えることがむずかしい。今私たちが、同じ言葉を、殆ど反対の意味に使っているのがいい証拠です。明らかに見るどころか、なるべく見ないで放っておく。言葉が、そのように変ってゆくこと自体が、すでにものには実体がなく、あるのは現象にすぎないことを物語るのではないでしょうか。

大変悪者扱いにされている男がある。小説にも度々書かれ、かんばしくない噂もしょっちゅう聞く。にもかかわらず、私はどうしても彼がにくめず、むしろ親友の一人と思っている。彼自身、悪事の数々を並べたてても、それらの言葉は上すべりし、後にはそれと関係のない、十年一日のごとき人間だけが残る。特に大した人物とも思えないが、信じていいように思われる。で、私は信じる。それで間違ったことは一度もないのですが、それはこっちのお人好しのせいとしても、反対に、少しも嫌いではない人間ににくまれる場合もあるのですから、世の中は複雑です。

が、実は複雑でも何でもない。マッチはマッチでも、すり方がまずければつかないだろうし、梅雨時だとしめっていることもありましょう。たとえば旦那様なんてものは、どこの家でも大抵いばっている。外でどんな顔をしてるか、奥さんは知らないし、何をやっているかわかったものではない。それにもかかわらず、自分の夫はこういう人だと、大づかみに受け取っている何かがあるに違いない。けんかしようと、仲がよかろうと、それが夫婦というものでしょう。長年の付合いがそういう「関係」をつくり上げてゆく。友人の仲でも同じことで、そんな不確かなもので支えられている以上、取扱いには細心の注意を要する。まずは、他人以上の他人と思って間違いはない。うっかり吐いた言葉から、仲違《なかたが》いするのは、決して珍しいことではありません。

どんな人間にも、気やすめは必要でしょうが、単なる気やすめのために親切をほどこして、不和になった例はいくらでもあげることができます。一回、二回は感謝する。四回、五回ともなれば当り前のことになる。八回目に、何かの都合で断って、ひどく恨まれた。きわめて正当な報いであります。はじめから誠意なんか皆無だったのだ。ほんとうの愛情は、人をひき上げることに専心すべきで、怠惰におとしいれることではないでしょう。人を甘やかすのは、自分が甘えっ子なのだ、そう気がつくのに私もずいぶん長くかかりましたが、一つには弱気から、一つにはいい子になりたいため、無意識のうちにどのくらい安易な親切をふりまいているかわかったものではありません。

西洋では、小さな子を育てるのにスパンクということをします。お尻を打つのです。それがヒステリイの発作からでなく、親身な冷静さをもって行われる時、これほど効き目のあるお薬はない。口でいうより、身体が覚えるからです。が、今の日本では、まずお尻が打てる親はいない。叱ることさえこわごわです。お断りしますが、私は暴力を勧めているのではありません。西洋でやるから日本でもしろというのでもありません。ほんとはスパンクなんてどうだっていいのです。ただ「今どきの若者」のことをいう前に、そんな困り者に育ててしまった原因を大人は考えるべきではないでしょうか。おそるおそる怒るから、怒ったあとでおべっかを使う。みな自信のない証拠です。それではみすみす純真な心に、人を甘くみる習慣を植えつけることになりはしないか。

劉備玄徳《りゅうびげんとく》に仕えた徐庶《じょしょ》は、親孝行で有名な人でした。どうにかして自分の部下にほしいと思った敵方の曹操《そうそう》は、ある日、いつわって母親の偽文を書き、彼の所へ送って、おびきだすことに成功しました。お前が曹操の所へ来てくれなければ、わたしが殺される、そういう意味の手紙だったのです。とるものもとりあえず、駆けつけてみると、老母はもってのほかの御機嫌で、日頃教えしかいもなく、偽筆の文にだまされるとは何ごとか、母を知らぬもほどがあると、いくら謝っても聞き入れず、いきなり立ち上ったと思うと、隣の部屋で首をくくって死んでしまった。まことにあっさりしたものです。

同じような話に、漢の武帝に仕えた朱買臣《しゅばいしん》という人は、長いことうだつが上らなかった。貧乏なくせに働かず、毎日本ばかり読んでいるので、ついに愛想をつかした妻は出て行ったが、それでもさすがに哀れと思い、時には食物など恵んでいました。何十年もそうしているうちに、突然武帝の召しにあずかり、彼は太守に封ぜられた。その行列が通るのを、故郷の人はあっけにとられて見送ったが、妻はそれから一月ばかりたって自殺した。自分の不明を恥じたのです。

彼らは決して命を粗末に扱ったわけではない、二つとない命の尊さを知ればこそ、失敗に終ることは許せなかった。悲愴な決心でも、立派な覚悟でもなく、それが生きるということでした。乱世だったからというのは理由にはならない。そういうことなら、現代の方がはるかに不安で、激しい時代といえましょう。ただ彼らは、過去をとり戻すことは絶対に不可能だ、そういう単純な事実を知っていたにすぎません。


蝶は、卵を生んでつとめを果したとたん死んでしまいます。ライオンは、空腹の時のほか獲物には見向きもしない。自然の記録映画が面白いのは、人間を遠いはじめの姿に還《かえ》して見せてくれるからで、私たちは別に、蝶々やライオンをそこに見ているわけではない。が、世の中が複雑になって来ると、生活の煩瑣《はんさ》に足をとられて、なかなか彼らのように、単純率直に行動できなくなる。行動しないとは、事実上の死を意味することで、二十日鼠が車を休みなく廻すからといって、生活している証拠にならないように、私たちも、忙しさにまぎれて、何がほんとに生きることなのか、わけがわからなくなってゆくようです。

先日、外国のある偉い人が、鵜飼《うかい》を見て、鵜の首をしめて獲物を吐かせるのは残酷だ、あんな野蛮なあそびはよした方がいい、といった話を聞きました。なるほど、残酷かも知れない、野蛮でもありましょう。が、漁に出る時のあの鵜の目玉をごらんなさい、喜びに耀いているではありませんか。文字どおり鵜の目鷹の目で、羽をふるわせて、勇み立っている。彼らからあのスポーツをとり上げるのは、猟犬に狩をさせないと同じほどの残酷だ、私はむしろそう言いたい。漁が好きでなかったら、あきるほど魚を食べさせてくれなかったら、いかに動物でも何で主人になつきましょう。いや動物だからなおのこと確かです。喉をしめられる苦痛さえ、喜びの前ぶれのように感じられないという証拠はどこにもない。かわいそうというなら、鮎《あゆ》の方がはるかに気の毒なのはいうまでもありません。動物愛護のヒューマニズムが、そこまで及ばないのは、なんとも不可解なことですが、それはともかく、人間と動物の美事な交感、背景の山、水、かがり火、それに何よりもおいしい鮎、そういったものの綜合が野蛮なら、一体何を日本の文化に求めたらいいか。美しい山河と、気候に恵まれた私たちの自然への愛情、その一風変った打込みぶりは、しょせん沙漠の民には想像もつかない行為なのかも知れません。

今私は、ある種の苦痛は喜びの前ぶれのように感じられる云々と書きましたが、苦しみそのものを快感とする人々も、少くないように思われます。避け得られない悲劇ではなく、みずから招いた不幸です。私の知人に、しじゅう愚痴ばかりこぼしている人がありますが、少しも暮しには困らぬ結構な御身分です。たぶん暇すぎるのだろうと思い、適当な仕事を世話したところ、あべこべに怒られてしまった。自分には、立派な兄さんがいて、十分面倒を見てくれるのにそんな面当《つら》てみたいなことができるかと、私の世間見ずをさとされたのですが、そんなものかしら、私にはわからない。ただ一つわかっているのは、依然として彼女は幸福でないことだけです。地震がこわい嵐がこわい、病気になりはしないか、人にだまされはしないか、近頃では家の中に閉じこもって人にも会わなくなったという噂をききました。

またある女性は、美人で頭がよくて多くの人に愛されました。日本軍華やかなりし頃の上海で、女王様のようにふるまっていましたが、終戦になって帰京してみれば、東京は焦土です。友達もちりぢりばらばらで、生命をつなぐに忙しく、誰も彼女をかえりみようとしない。こんなはずはなかった。そこでふつうなら、何とか考え直すでしょうが、一度みた夢は一朝一夕に忘れられるものではないらしい。たまたま会社に世話する人があって、やってみましたが、「私にあんなつまらない仕事できると思って？」「あんなバカな社長の秘書なんかつとまると思って？」と毎日空ばかり眺めているうち、馘《くび》になってしまいました。彼女はいまだに転々としているようですが、食べるに困らないということ、美人に生れるということ、一番幸福をもたらすはずのそういうものさえ頼りにならないならば、何を信じたらいいのか、いよいよわからなくなります。が、まさしく私の目の前には緑の葉がそよぎ、栗の花咲く山には白波が立ち、今その山あいを農夫が一人鍬《くわ》をかついで消えて行った。それらのものが、まったく存在しないということは不可能だ、これはなんとも不思議なことではありませんか。そして、この平凡極まりない風景が、私の目前から、去って二度と再び還らぬ瞬間であることとも。

だいぶ前の新聞に、こういう随筆がのっていました。

——自分は生れつき、大の山嫌いだったが、五十になって、突然山に魅せられる男となった。きっかけは、谷川岳で命をおとした長男の死である。遭難が疑いないものになった時、山岳会や地元の住民が捜索にのりだし、自分も現場へ駆けつけたが、そこで生れてはじめてみる登山家たちの熱意と無償の行動に激しい感動を受けた。

「今さら気がつくのもおかしいが、実際に見聞したことのなかった私には、まるで人生に新しい光がさしかけたと思われるくらいに彼らの行動に心を打たれたのである。私はもはやじっとしてはいられなかった。足手まといになると思いつつ、ただちに仲間に入れてもらい、休みの日には出かけて行って捜索に加わり、そのかいあって、遺体も自分で発見した。以来、五十男の胸に、山への関心はたかまり、初歩から習いはじめているが、一つには登山家たちの肉親をも越える愛情に心ひかれたこと、もう一つには、自分で山を知った上で、遭難防止の役にも立ちたいこと、さらに、若くして死んだ息子のかわりに方々の山へ登ってやろう、と思い立ったことなどが理由である。

だが、心ではそう思うものの体力には限度がある。それでも、やれるところまでやってみるつもりで、お世話になった山岳会に入れてもらい、すでにいくつかの険しい山にも登ることができた。そうして実地にやってみると、ずいぶん無茶な登山家が多いことに気がつき、山を楽しむかたわら、それへの防止も考えている。と同時に、息子の見果てぬ夢も実現させてやりたく、ちょっとてれくさくもあったが、遺品の登山靴をはくことにしている。少し窮屈だが、ピッタリ合う。こうすれば、私と一緒にせがれも登山したことになるような気がするのだ。というよりも、せがれが私を運んでくれるような気がするのである――」。

思わず長い引用をしてしまいましたが、筆者は加藤綾之助氏という、ふつうの会社づとめの人で、もう二、三カ月前の記事だったと思います。私はそれをとっておき、気が滅入るたびに読んでいましたが、そこにはこういう記事にありがちな、読者の同情を期待するような言は一つもなく、かえって勇気を与えてくれるものが見出せたからです。親として、参加するのが当然な捜索にも、「足手まといになるかも知れない」ことを心配し、息子の形見すら、身につけるのが「ちょっとてれくさくなる」。そういう節度に支えられた文章が、人に感銘を与えないはずはありません。が、何よりも私を動かしたのは、子供を先立てるという最大の不幸を、人生の楽しみに転じたことです。故人の冥福を祈るという美しい言葉が、こういうはっきりした行為に具体化するまでに、どれほどの苦痛を忍ばれたことか。

ルノワールは、晩年、神経痛を病み、両手の指の間に絵筆をはさんでしばりつけ、あの幸福な絵を描きつづけたと聞きます。ベートーヴェンは、耳を患って「第九」を書き、人類の歓喜と希望を謳《うた》いあげました。不幸の裏づけのない幸福はない。だが、彼らの芸術は、病がさせたわざではないでしょう。どんなに苦しんでもなおつくらずにはいられなかった命の強さが、困難に打勝つことの喜びが、不朽の作品を生んだのです。

浄瑠璃寺の春

堀辰雄

堀辰雄〔ほり　たつお〕

明治三十七年（一九〇四年）―昭和二十八年（一九五三年）

小説家。闘病生活の中で生と死を見つめ、清祥な文章で人間の内面を描き出し、昭和初期に活躍した。代表作に、フランス文学の影響が見られる『美しい村』、婚約者との死別の体験を基にした『風立ちぬ』など。

●本作は昭和十八年（一九四三年）に発表された。

この春、僕はまえから一種の憧れをもっていた馬酔木《あしび》の花を大和路のいたるところで見ることができた。

そのなかでも一番印象ぶかかったのは、奈良へ著《つ》いたすぐそのあくる朝、途中の山道に咲いていた蒲公英《たんぽぽ》や薺《なずな》のような花にもひとりでに目がとまって、なんとなく懐かしいような旅びとらしい気分で、二時間あまりも歩きつづけたのち、漸《や》っとたどりついた浄瑠璃寺の小さな門のかたわらに、丁度いまをさかりと咲いていた一本の馬酔木をふと見いだしたときだった。

最初、僕たちはその何んの構えもない小さな門を寺の門だとは気づかずに危く其処を通りこしそうになった。その途端、その門の奥のほうの、一本の花ざかりの緋桃《ひもも》の木のうえに、突然なんだかはっとするようなもの、――ふいとそのあたりを翔け去ったこの世ならぬ美しい色をした鳥の翼のようなものが、自分の目にはいって、おやと思って、そこに足を止めた。それが浄瑠璃寺の塔の錆《さび》ついた九輪《くりん》だったのである。

なにもかもが思いがけなかった。——さっき、坂の下の一軒家のほとりで水菜を洗っていた一人の娘にたずねてみると、「九体寺やったら、あこの坂を上りなはって、二丁ほどだす」と、そこの家で寺をたずねる旅びとも少くはないと見えて、いかにもはきはきと教えてくれたので、僕たちはそのかなり長い急な坂を息をはずませながら上り切って、さあもうすこしと思って、僕たちの目のまえに急に立ちあらわれた一かたまりの部落とその菜畑を何気なく見過ごしながら、心もち先きをいそいでいた。あちこちに桃や桜の花がさき、一めんに菜の花が満開で、あまっさえ向うの藁屋根の下からは七面鳥の啼きごえさえのんびりと聞えていて、——まさかこんな田園風景のまっただ中に、その有名な古寺が——はるばると僕たちがその名にふさわしい物古りた姿を慕いながら山道を骨折ってやってきた当の寺があるとは思えなかったのである。……

「なあんだ、ここが浄瑠璃寺らしいぞ。」僕は突然足をとめて、声をはずませながら言った。「ほら、あそこに塔が見える。」

「まあ本当に……」妻もすこし意外なような顔つきをしていた。

「なんだかちっともお寺みたいではないのね。」

「うん。」僕はそう返事ともつかずに言ったまま、桃やら桜やらまた松の木の間などを、その突きあたりに見える小さな門のほうに向って往った。何処かでまた七面鳥が啼いていた。

その小さな門の中へ、石段を二つ三つ上がって、はいりかけながら、「ああ、こんなところに馬酔木《あしび》が咲いている。」と僕はその門のかたわらに、丁度その門と殆ど同じくらいの高さに伸びた一本の灌木がいちめんに細かな白い花をふさふさと垂らしているのを認めると、自分のあとからくる妻のほうを向いて、得意そうにそれを指さして見せた。

「まあ、これがあなたの大好きな馬酔木の花？」妻もその灌木のそばに寄ってきながら、その細かな白い花を仔細に見ていたが、しまいには、なんということもなしに、そのふっさりと垂れた一と塊りを掌のうえに載せたりしてみていた。

どこか犯しがたい気品がある、それでいて、どうにでもしてそれを手折って、ちょっと人に見せたいような、いじらしい風情をした花だ。云わば、この花のそんなところが、花というものが今よりかずっと意味ぶかかった万葉びとたちに、ただ綺麗なだけならもっと他にもあるのに、それらのどの花にも増して、いたく愛せられていたのだ。——そんなことを自分の傍でもってさっきからいかにも無心そうに妻のしだしている手まさぐりから僕はふいと、思い出していた。

「何をいつまでもそうしているのだ。」僕はとうとうそう言いながら、妻を促した。

僕は再び言った。「おい、こっちにいい池があるから、来てごらん。」

「まあ、ずいぶん古そうな池ね。」妻はすぐついて来た。「あれはみんな睡蓮ですか？」

「そうらしいな。」そう僕はいい加減な返事をしながら、その池の向うに見えている阿弥陀堂を熱心に眺めだしていた。

＊

阿弥陀堂へ僕たちを案内してくれたのは、寺僧ではなく、その娘らしい、十六七の、ジャケット姿の少女だった。

うすぐらい堂のなかにずらりと並んでいる金色《こんじき》の九体仏《くたいぶつ》を一わたり見てしまうと、こんどは一つ一つ丹念にそれを見はじめている僕をそこに残して、妻はその寺の娘とともに堂のそとに出て、陽あたりのいい縁さきで、裏庭の方かなんぞを眺めながら、こんな会話をしあっている。

「ずいぶん大きな柿の木ね。」妻の声がする。

「ほんまにええ柿の木やろ。」少女の返事はいかにも得意そうだ。

「何本あるのかしら？　一本、二本、三本……」

「みんなで七本だすが、沢山に成りまっせ。九体寺の柿やいうてな、それを目あてに、人はんが大ぜいハイキングに来やはります。あてが一人で捥《も》いで上げるのだすがなあ、そのときのせわしい事やったらおまへんなあ。」

「そうお。その時分、柿を食べにきたいわね。」

「ほんまに、秋にまたお出でなはれ。この頃は一番あきまへん。なあも無うて……」

「でも、いろんな花がさいていて。綺麗ね……」

「そうだす。いまはほんまに綺麗やろ。そやけれど、あこの菖蒲《あやめ》の咲くころもよろしいおまっせ。それからまた、夏になるとなあ、あこの睡蓮が、それはそれは綺麗な花をさかせまっせ。……」そう言いながら、急に少女は何かを思い出したようにひとりごちた。「あ、そやそや、葱《ねぎ》とりに往かにゃならんかった。」

「そうだったの、それは悪かったわね。はやく往ってらっしゃいよ。」

「まあ、あとでもええわ。」

それから二人は急に黙ってしまっていた。

僕はそういう二人の話を耳にはさみながら、九体仏をすっかり見おわると、堂のそとに出て、そこの縁さきから蓮池のほうをいっしょに眺めている二人の方へ近づいていった。

僕は堂の扉を締めにいった少女と入れかわりに、妻のそばになんということもなしに立った。

「もう、およろしいの？」

「ああ。」そう言いながら、僕はしばらくぼんやりと観仏に疲れた目を蓮池のほうへやっていた。

少女が堂の扉を締めおわって、大きな鍵を手にしながら、戻ってきたので、

「どうもありがとう。」と言って、さあ、もう少女を自由にさせてやろうと妻に目くばせをした。

「あこの塔も見なはんなら、御案内しまっせ。」少女は池の向うの、松林のなかに、いかにもさわやかに立っている三重塔のほうへ僕たちを促した。

「そうだな、ついでだから見せて貰おうか。」僕は答えた。「でも、君は用があるんなら、さきにその用をすましてきたらどうだい？」

「あとでもええことだす。」少女はもうその事はけろりとしているようだった。

そこで僕が先きに立って、その岸べには菖蒲《あやめ》のすこし生い茂っている、古びた蓮池のへ

りを伝って、塔のほうへ歩き出したが、その間もまた絶えず少女は妻に向って、このへんの山のなかで採れる筍《たけのこ》だの、松茸《まつたけ》だのの話をことこまかに聞かせているらしかった。

僕はそういう彼女たちからすこし離れて歩いていたが、実によくしゃべる奴だなあとおもいながら、それにしてもまあ何んという平和な気分がこの小さな廃寺をとりまいているのだろうと、いまさらのようにそのあたりの風景を見まわしてみたりしていた。

傍らに花さいている馬酔木《あしび》よりも低いくらいの門、誰のしわざか仏たちのまえに供えてあった椿の花、堂裏の七本の大きな柿の木、秋になってその柿をハイキングの人々に売るのをいかにも愉《たの》しいことのようにしている寺の娘、どこからかときどき啼きごえの聞えてくる七面鳥、――そういうこのあたりすべてのものが、かつての寺だったそのおおかたが既に廃滅してわずかに残っているきりの二三の古い堂塔をとりかこみながら――というよりも、それらの古代のモニュメントをもその生活の一片であるかのようにさりげなく取り入れながら、――其処にいかにも平和な、いかにも山間の春らしい、しかもその何処かにすこしく悲愴な懐古的気分を漂わせている。

自然を超えんとして人間の意志したすべてのものが、長い歳月の間にほとんど廃亡に帰して、いまはそのわずかに残っているものも、そのもとの自然のうちに、そのものの一部に過ぎないかのように、融け込んでしまうようになる。そうして其処にその二つのものが一つになって——いわば、第二の自然が発生する。そういうところにすべての廃墟の云いしれぬ魅力があるのではないか？　——そういうパセティックな考えすらも（それはたぶんジムメルあたりの考えであったろう）、いまの自分にはなんとなく快い、なごやかな感じで同意せられる。……

僕はそんな考えに耽りながら歩き歩き、ひとりだけ先きに石段をあがり、小さな三重塔の下にたどりついて、そこの松林のなかから蓮池をへだてて、さっきの阿弥陀堂のほうをぼんやりと見かえしていた。

「ほんまになあ、しょむないとこでおまっせ。あてら、魚食うたことなんぞ、とんとおまへんな。蕨みてえなものばっかり食ってんのや。……筍《たけのこ》はお好きだっか。そうだっか。このへんの筍はなあ、ほんまによろしゅうおまっせ。それは柔《やわ》うて、やわうて……」

そんなことをまた寺の娘が妻を相手にしゃべりつづけているのが下の方から聞えてくる。——彼女たちはそうやって石段の下で立ち話をしたまま、いつまでたってもこちらに上がって来ようともしない。二人のうえには何んとなく春めいた日ざしが一ぱいあたっている。僕だけひとり塔の陰にはいっているものだから、すこし寒い。どうも二人ともいい気もちそうに、話に夢中になって僕のことなんぞ忘れてしまっているかのようだ。が、こうして廃塔といっしょに、さっきからいくぶん瞑想的になりがちな僕もしばらく世間のすべてのものから忘れ去られている。これもこれで、いい気もちではないか。――ああ、またどこかで七面鳥のやつが啼いているな。なんだか僕はこのますすこし気が遠くなってゆきそうだ。……

＊

その夕がたのことである。その日、浄瑠璃寺から奈良坂を越えて帰ってきた僕たちは、そのまま東大寺の裏手に出て、三月堂をおとずれたのち、さんざん歩き疲れた足をひきずりながら、それでもせっかく此処まで来ているのだからと、春日《かすが》の森のなかを馬酔木《あしび》の咲いているほうへほうへと歩いて往ってみた。夕じめりのした森のなかには、その花のかすかな香りがどことなく漂って、ふいにそれを嗅いだりすると、なんだか身のしまるような気のするほどだった。だが、もうすっかり疲れ切っていた僕たちはそれにもだんだん刺戟が感ぜられないようになりだしていた。そうして、こんな夕がた、その白い花のさいた間をなんということもなしにこうして歩いて見るのをこんどの旅の愉《たの》しみにして来たことさえ、すこしもう考えようともしなくなっているほど、――少くとも、僕の心は疲れた身体とともにぼおっとしてしまっていた。

突然、妻がいった。

「なんだか、ここの馬酔木《あしび》と、浄瑠璃寺にあったのとは、すこしちがうんじゃない？　このは、こんなに真っ白だけれど、あそこのはもっと房が大きくて、うっすらと紅味を帯びていたわ。……」

「そうかなあ。僕にはおんなじにしか見えないが……」僕はすこし面倒くさそうに、妻が手ぐりよせているその一枝へ目をやっていたが、「そういえば、すこうし……」

そう言いかけながら、僕はそのときふいと、ひどく疲れて何もかもが妙にぼおっとしている心のうちに、きょうの昼つかた、浄瑠璃寺の小さな門のそばでしばらく妻と二人でその白い小さな花を手にとりあって見ていた自分たちの旅すがたを、何んだかそれがずっと昔の日の自分たちのことでもあるかのような、妙ななつかしさでもって、鮮やかに蘇らせ出していた。

浄瑠璃寺の秋

堀口大學

堀口大學〔ほりぐち　だいがく〕

明治二十五年（一八九二年）―昭和五十六年（一九八一年）

詩人、仏文学者。アポリネールの「ミラボー橋」など近現代のフランス詩を翻訳した訳詩集『月下の一群』は昭和初期の詩壇に新風を吹き込んだ。評論、エッセイ、随筆など多方面で活躍した。他の代表作に歌集『パンの笛』、詩集『砂の枕』など。

●本作は昭和三十九年（一九六四年）に発表された。

大阪の或る大学教授と奈良の風流で親切なご上人さまとが語り合い、余命いくばくも余さぬ老齢の僕が、大和路の寺もみ仏も知らないのは、みっともないと憫れんで、去年の春以来時々彼地へ招じて下さるという、有難いことが始まった。その第一回は去年の五月。ふつかがかりで、法華寺、秋篠寺、唐招提寺、薬師寺、二月堂、三月堂、観音院、室生寺と案内してもらい、二回目が今年の十月末、同じく二日がかりで、大仏殿、法華寺、浄瑠璃寺、興福寺国賓館、正倉院展、法隆寺、中宮寺と見せてもらった。

浄瑠璃寺の案内には、先に書いた教授とお上人さまのほかに、堀辰雄が加わった。空が抜けるほど碧く澄み渡り、おだかけの刈稲が金いろに輝く、暖かい晩秋の午《ひる》すぎだったが、堀辰雄は昭和十七年の春、ここを夫人同伴、訪れたらしく、『浄瑠璃寺の春』なる文章を、同年四月号の『婦人公論』に寄せている。今年になってたまたま彼のこの文章が、高等学校用の或る国語教科書に、僕の訳詩と巻を同じゅうして収録され、僕も一冊寄贈を受けた。見学予定の寺名なので一読すると明朗で健康で楽しい文章なのだ。続けて再読、内容もあらかたそらんじてしまった。春と秋、季節こそ逆だが、堀辰雄の案内は、目前の秋の眺めに、春の風物をプラスし、時間をさかのぼって二十年前を現前してくれる。淡々と書いてあって誇張がないためか、この文章いまもって生きている。

門らしい門もない浄瑠璃寺は、堀辰雄も驚いているように、ただのありふれた田園の中にあった。一間幅の野道から、二三段上るだけのこの国宝の古刹への入口で、堀辰雄はかねてからあこがれを持ち続けていたあしびの花がいじらしい風情を見せて、ふっさりとかたまり下っているのを見つけ、妻とふたり、手のひらに載せあって眺め入ったと書いている。

二十年後の今見ると、人の背丈より少し高いくらいのそれらしいこの灌木は、出入りの人たちに枝葉を折りとられるのだろうか、枯死寸前のしょぼくれた姿になって、眩しいほどの秋の日を浴びてやつれて立っている。かさかさに乾き切った、光沢の鈍い黒い粒状の実の房を力なくつけているのが却って悲しいほどだ。

ふだんは多分締切りになっているのであろう、手斧目《ちょうなめ》でも残っていそうな素朴な木組みのお座敷で、当寺の住職、佐伯快龍師にお目にかかり、抹茶のごちそうになる。真言律宗宗務長、総本山西大寺執事長などのいかめしい職をお持ちの鶴のように清らかな痩身の老師だが、愛想よく気さくにもてなして下さる。「阿弥陀堂へぼくたちを案内してくれたのは、寺僧ではなく、その娘らしい、十六七の、ジャケット姿の少女だった」と、堀辰雄が書いているのを思い出し、老師に訊ねてみる、

「今から二十年ほど前、ここに十六七のかわいらしい娘さんがいられ、まれな来観者の案内などを親切にして下すったそうですが、あれはあなたのお嬢さまですか？」

「そうです、うちの娘です。」

「ご健在ですか？　そろそろ四十近いお年かと思いますが。」

「大阪へ縁づいて、もう三人の母ですよ。」

「すると庫裡の裏のご自慢の七本の柿の木をごらんになりに、時々はお子さんを連れてここへ帰っておいでになるでしょうね？」

「はい、つい先日も柿を食べにやってまいりました。堀辰雄さんはあれっきりおいでなかったようですが、惜しい方が亡くなられましたな。」

老僧は僕の知ったかぶりのネタが、堀辰雄の文章だと、ちゃんと見抜いているのであった。

僕らを九体仏《くたいぶつ》の安置してある本堂、阿弥陀堂へ案内してくれたのは、カーデガン姿の倅

さんだった。年の頃からすると、あの娘さんの弟さんでもあろうか。

国宝の九体堂は藤原時代の建築だそうだが、白く塗った数百本のぐしの平行線がやわらかく、見ていると瞼の裏がわがむずがゆくなり、極楽の音楽が遠く聞えて来るような思いにさそわれる。その音楽の中に九体仏は阿弥陀さまをまんなかに、お行儀よくおすわりになっている。浄瑠璃寺に限らないが、総じて大和路で拝む仏たちは、大きなおからだのわりに、お堂がせまく、天井がつかえそうで、窮屈なご様子なのが気になる。安置し奉ったと言うよりは、収容申上げたというに近い感じがする。

阿弥陀堂の前は広い睡蓮の池で、正面には松山のみどりを背景に三重の塔が建っている。うすぐらい本堂から出ていきなりあおぎ見るこれも国宝の塔は、突如目の前の樹間から、色美しい翼をはばたいて雉なぞが飛び立ちでもしたかのような、驚きだ。そのくせ、こぢんまりと、さわやかに、立っていて、全然誇るところがない。それだけにまた珍しく親しみ易い塔だ。睡蓮の池の左の岸づたいに迂回して、塔の石段下へたどりつく。塔の中には薬師仏が安置してある。たった十数階でしかないが、急な裸の石段は下駄ばきの足にはあぶない綱わたりだ。教授の肩に片手をかけて降りる。降り切って、ほっとして、対岸の本堂に目をやった途端、池を前に周囲の景色の中にいかにも調和よくはまりこんでいるその輪郭の線の、わけてのびやかに左右に流れる屋根の線の、美しさに目を見はる。

来た時とは反対の池の岸へ一歩踏み出すと、先ほどは池畔の木立にかくれて見えなかった小舟一隻、渚につながれているではないか。僕は思わず、これが『慈悲の船』だと叫んでしまった。唐突のようだが、八十に近い最晩年、九萬一《くまいち》老父が、その学と人となりに私淑し切って絶えず口誦していた、権田雷斧大僧正の偈頌《げじゅ》の文言、

普門現影真如ノ月
苦海解纜慈悲ノ船

を思い出したのだ。

目前のこれが『慈悲の船』だと僕は思った。何時なりと解纜出来るという気持になれた。

気がつくと今日は父の祥月命日、十月三十一日だった。

秋は au-delà の思われる季節だ、今夜も三笠山の空に月が澄むことだろう。

仏法僧鳥

斎藤茂吉

斎藤茂吉〔さいとう　もきち〕

明治十五年（一八八二年）―昭和二十八年（一九五三年）

歌人。伊藤左千夫に入門し歌雑誌「アララギ」の編集を担当、アララギ派の中心人物として、歌壇に一時代を築き、写生理論を完成させた。代表作に歌集『赤光』、『あらたま』など。精神科医でもあった。

●本作は昭和三年（一九二八年）に発表された。

大正十四年八月四日の朝奈良の宿を立って紀伊の国高野山に向った。吉野川を渡り、それから乗合自動車に乗ったころは、これまでの疲れが幾らか休まるような気持でもあった。これまでの疲れというのは、比叡山上で連日「歌」の修行をし、心身へとへとになったのをいうのである。

乗合自動車を乗り棄てると、O先生と私とは駕籠《かご》に乗り、T君とM君とは徒歩でのぼった。そうして、途中で驟雨《しゅうう》が沛然《はいぜん》として降って来たとき駕籠《かご》夫《かき》は慌てて駕籠に合羽《かっぱ》をかけたりした。駕籠夫は長い間の習練で、無理をするということがないので、駕籠はいつも徒歩の人に追越された。徒歩の人々は何か山のことなどを話しながら上って行くのが聞こえる。それをば合羽かむった駕籠の中に聞いていては、時たま眠くなったりするのも何だかゆとりが有っていい。

駕籠は途中の茶屋で休んだ時、O先生も私も駕籠からおりて、そこで茶を飲みながら景色を見て居た。茶屋は断崖に迫って建っているので、深い谿間《たにあい》と、その谿間を越えて向うの山巒《さんらん》を一目に見ることが出来る。谿間《たにあい》は暗緑の森で埋まり、それがむくむくと盛上っているように見える。白雲が忙しそうにその間を去来して一種無常の観相をば附加える。しばらく景色を見ていた皆は、高野山の好い山であるということに直ぐ気がついた。徒歩の二人はもう元気づいて、駕籠《かご》の立つのを待たずにのぼって行った。

しかし、女人堂《にょにんどう》を過ぎて平地になった時には、そこに平凡な田舎村が現出せられた。駕籠のおろされた宿坊は、避暑地の下宿屋のようであった。

小売店で、高野山一覧を買い、直接に鯖《さば》を焼くにおいを嗅ぎながら、裏通にまわって、山下という小料理店にも這入《はい》って見た。お雪という女中さんがまず来て、それから入りかわり立ちかわり愛想をいいに女中さんが来た。

「院化《いんげ》はんも時たま来なはります」

こういう言葉をそこそこにO先生をはじめ山下を出た。私等はこの日霊宝《れいほう》館を訪ねる予定であったが、まだ雨が止まぬので此処に一休《ひとやすみ》するつもりで来て、雨の霽《は》れるのを待たずに此処を出たのである。しかし女中さんが二人で私等を霊宝館まで送って来た。霊宝館の廊下から振返ると、二人の女中さんは前の小売店の所で何か話込んでいるのが見えた。霊宝館では、絵だの木像だのいろいろの物を観《み》たが絵には模写もあり本物もあった。薄暗いところで仏像などを観ていると眠くて眠くて堪《たま》らないこともあった。これは先刻麦酒《さっきビール》を飲んだためである。

それから私等は、杉の樹立《こだち》の下の諸大名の墓所を通って奥の院の方までまいった。案内の小童は極く無造作に大小高下の墳塋《ふんえい》をば説明して呉れた。

「左手向う木の根一本は泉州岸和田岡部美濃守《みののかみ》」

「この右手の三本は多田満仲公です。当山石碑の立はじまり」

「左手うえの鳥居三本は出羽国米沢上杉公。その上手に見えてあるのは当山の蛇柳です」

「右手鳥居なかの一本は奥州仙台伊達政宗公。赤いおたまやは井伊かもんの守」こういうことを幕無しに云って除《の》けた。

「太閤《たいこう》様が朝鮮征伐のとき、敵味方戦死者位牌の代りとして島津ひょうごの守よしひろ公より建てられた」という石碑の面《おもて》には、為高麗国在陣之間敵味方閧死《こうし》軍兵皆令入仏道也という文字が彫《ほり》つけてあった。そういうところを通りぬけ、玉川に掛っている無明《むみょう》の橋を渡って、奥の院にまいり、先祖代々の霊のためにさかんに燃える護摩《ごま》の火に一燈を献じた。これは自身の諸悪業をたやすためでもある。それから裏の方にまわって、夕暮に宿坊に帰った。

その夜、奥の院に仏法僧鳥《ぶっぽうそう》の啼くのを聴きに行った。夕食を済まし、小さい提灯を借りて今日の午後に往反《おうへん》したところを辿って行った。この仏法僧鳥は高野山に啼く霊鳥で、運好くば聴ける、後生の好くない者は聴けぬ。それであるから、可《か》なり長く高野に籠ったものでも、ついに仏法僧鳥を聴かずに下山する者の方が多い。文人の書いた紀行などを読んでも、この鳥を満足に聴いて筆をおろしたものは尠《すくな》いのであった。

私等は奥の院の裏手に廻り、提灯を消して暗闇に腰をおろした。其処は暗黒であるが、その向うに大きな唐銅《からかね》の鼎《かなえ》があって、蠟燭が幾本となくともっている。奥の院の夜は寂しくとも、信心ぶかい者の夜詣りが断えぬので、燈火の断えるようなことは無い。また夜籠りする人々もいると見え、私等の居る側に茣蓙《ござ》などが置いてある。私等は初めは小声でいろいろ雑談を始めたが、時が段々経つに従って口数が減って行き、そこに横になってまどろむものもあった。

「こう開化して来ては三宝鳥《さんぽうちょう》も何もあったものじゃないでしょう」

「第一、電車の音や、乗合自動車の音だけでも奴等《やつら》にとっては大威嚇でしょう」

「それに、何処かの旅団か何かの飛行機でもこの山の上を飛ぶことはあるでしょう」

「いよいよ末法ですかね」

「それに山上講演のマルキシズムと、先刻《さっき》の女中の、院化《いんげ》はんも来なはるとで攻め立てられては三宝鳥も駄目ですよ」

「山はこれでも可なり深いらしいですがね。どれ、小便《おしっこ》でもして来るかな」

「もっと奥の方でなさいよ。ここだって霊場ですから」

「承知しました」

杉と檜《ひのき》と鬱蒼として繁って、真昼でも木下闇《こしたやみ》を作っているらしいところに行き、柵のところで小用《こよう》を足した。そのへんにも幾つか祠があり、種々の神仏が祭ってあるらしいが、夜だからよくは分からない。老木の梢には時々木兎《みみずく》と蝙蝠《こうもり》が啼いて、あとはしんとして何の音もしない。

それから小一時間も過ぎてまた小用を足しに来た。小用を足しながら聴くともなく聴くと、向って右手の山奥に当って、実に幽《かす》かな物声がする。私は、「はてな」と思った。声は、cha—chaというように、二声《ふたこえ》に詰まって聞こえるかと思うと、cha—cha—chaと三声のこともある。それが、遙かで幽かであるけれども、聴いているうちにだんだん近寄るようにも思える。それから二ついるようにも思える。私は木曾に一晩宿《とま》ったとき、夜ふけて一度この鳥のこえを聴いたことがあるので、その時にはもう仏法僧鳥《ぶっぽうそうき》と極めてしまっていた。

「O先生、いよいよ啼きだしました。T君もM君も来ませんか」

四人は杉の樹の根方の処に蹲踞《しゃが》み、樹にもたれ、柵の処に体をおしつけてその声を聴いている。声は、木曾で聴いたのよりも、どうも澄んで朗かである。私は心中秘《ひそ》かに、少し美し過ぎるように思って聴いていたが、その時に既に心中に疑惑が根ざしていた。しかし声は蔑《あなど》るべからずいい声である。その澄んで切実な響は、昼啼く鳥などに求めることの出来ない夜鳥の特色を持っていた。

そのうち、声は段々近寄って来た。

そうして聴くと鳥はまさしく二つ居て、互に啼いているのである。鳥は可《か》なり高い樹の梢で啼くらしいが、少くとも五六町を隔てている。私等は約一時間その声を聴いた。

「どうも有難い。ようございましたね」

O先生はこう云われた。四人は踵《きびす》を返した。

「これで愈々《いよいよ》、後生も悪くはないようなものだ」などと云い云い、石段を下りて無明の橋のへんに差しかかった頃であった。

「どうですか。木曾のと同じですか」こう突然T君が私にたずねた。

「いや実は僕もさっきから少し美し過ぎると思って聴いていたんだが」こう答えた。その間にくどい思慮をめぐらすというようなことも無かった。

「そうでしょう。あれは怪しいですよ。ひょっとすると人工かも知れませんよ。ひどい奴だ」

こうT君が笑いながら云った。

「Tさんは鋭いからねえ。あれはどうも本物だと思われる。やっぱり疑わない方が好《い》いんですよ」こうO先生が云われた。

「いや、私ひとつ見破って見せます」T君も今度は少しく気色ばんでいた。

四人はもう一度奥の院のかげに行った。鳥は相変らず啼いているが、先程よりももっと近くなって来ている。その声は澄明で、鉱物音を交え、林間に反響しているところなどは、或《あるい》は人工的のもののような気もするが、よくよく聴くと、何か生物《いきもの》の声帯の処をしぼるような肉声を交えている。私は折角運好くて聴いた仏法僧鳥であるからなるべく本物にした方が具合が好い。強いてそうしようとするのであるが、矢張り心中に邪魔をするものがあっていずれとも決定しかねて二たび踵《きびす》を返した。T君は途々《みちみち》にも、あれくらいの声は練習さえすれば人工でも出来る。それに高い月給を払い一家相伝の技術として稽古させているのかも知れないなどという説をも建てた。そこでO先生を除くほかは、若い浄土宗門の僧侶であるM君も、それから私も、あの仏法僧鳥《ぶっぽうそう》の声は人工の声だという説に傾きながら帰路についた。時は十時半を過ぎていた。

その途中で一人の青年に会った。その青年は矢張り比叡山上で私等と一しょに歌の修行をし、会の散じてから単独で高野に来、今やはり仏法僧鳥を聴きに奥の院に行く途中なのであった。

「今しきりに啼いているところだから、非常にいい都合だ。ただ君に頼むがね、何時ごろ迄啼き続けているか面倒だが確かめて呉れませんか。僕等はKという宿坊にいるから明日の朝一寸《ちょっと》知らして呉れたまえ」

こうT君が青年に頼み、何か期するところがあるような面持《おももち》で歩いた。その時にはもういつのまにか大きな月が出て、高野の満山を照らして居り、空気が澄んでいるので光が如何にも美しく、悪どく忙しくせっぱつまった現世でも、やはり身に沁みるところがあった。私等はそれでも提灯をつけたまま到頭宿坊に帰って来、何か発見でもした様な気分で一夜ねむった。

翌朝T君は、起きると直ぐ高野山の地図を買って来て調べていた。貧しい朝食をすまして横になっていると、そこにゆうべの青年が報告に来た。青年はゆうべ奥の院に行った時には、鳥の声はしきりにして居ったそうである。それが十一時半になるとぴたりと止んで、午前一時まで二たび啼くのを待っていたが、到頭啼かずにしまったというのである。

この報告は、T君の説を確かめるのに非常に有力であった。それのみではない。T君の調べた地図に拠ると、ゆうべ鳥の啼いた方向にはそう深い森林が無い。寧ろ浅山《あさやま》と謂《い》って好い。それから、そこを通ずる道路がありそこに一二軒の人家がある。

「どうです。声の発源点は此処ですよ」

こう云ってT君は大きな手の指で、その人家のところを圧《お》しつけたりした。青年は最初は何の事だか分からず、怪訝の顔をしていたが、仏法僧鳥の声の人工説だということを知って、「実に惜しい」という顔をありありとした。茲《ここ》に於《お》いて私等の三人と一人の青年とを加えて四人は人工説に傾いてしまった。

けれども、O先生はこの説を是認されなかった。

「それは、Tさんの説のように人工かも知れない。けれども人工であったとしても、数百年間この事を他へ漏らさない一山《いちざん》の人々は偉いんです。やっぱり本物の鳥と思ってきくんですね。それが空海《くうかい》の徳でしょう。正岡子規先生ではないが、弘法《こうぼう》をうずめし山に風は吹けどとこしえに照す法《のり》のともしび。ですよ」こう云われるのであった。

私等は雨の晴れ間を大門《だいもん》のところの丘の上に上って、遙か向うに山が無限に重なるのを見たとき、それから其処のところから淡路島が夢のようになって横《よこた》わっているのを見たときには、高野山上をどうしても捨てがたかった。または金堂《こんどう》の中にいて轟く雷鳴を聞きながら、空海四十二歳の座像を見ていたときなどは、寂しい心持になってこの山上を愛著《あいじゃく》したのである。

しかし或《ある》堂内で、畳の上にあがって杉戸の絵を見ていると小坊主に咎められた。そこにあたかも西洋人夫婦を案内して来た僧がいて仏壇の内陣の方までも見せている。「あれはどうしたのだ」という。「あれは寄附をしたのです」と答える。「馬鹿いえ。僕らも寄附はして居るんだぞ」と云う。斯《か》かる問答は如何にもまずい表出の運動であった。けれどもこの機縁も仏法僧鳥《ぶっぽうそう》人工説に一つの支持を与えたのである。

私等はこういうような経験をして高野山をくだった。そして和歌の浦まで来たが、もう海水浴も過ぎた頃なので旨《うま》い魚を直ぐ食わせるところも見当らず、逝春《ゆくはる》に和歌の浦にて追い付きたりという句境にも遠いので、其処に夕がたまでいてO先生と別れ三人は那智の方に行く汽船に乗ったのであった。

それから丸一年が過ぎた。私等は去年やったような歌の修行の集まりをば武州三峰山上で開いた。然《しか》るに三峰山上には仏法僧鳥がしきりに啼いた。もう日が暮れかかると啼く。月明《げつめい》の夜などには三つも四つも競って啼いた。その声は如何にも清澄で高野山上で聴いたのよりももっともっと美しかった。それから三峰では直ぐ頭の上で啼くので、しぼる様な肉声も明瞭であり、人工説などの成立つ余裕も何もなかった。T君も私もしばらく苦笑して居らねばならなかった。ただ私等はおもう存分仏法僧鳥のこえを聴き、数日してO先生が山の上にのぼって来られたとき、T君も私もO先生のまえに降伏してしまった。

私の写生文はこれでしまいであるが、約《つづ》めて一言とすることが出来る。どうも高野山上の仏法僧鳥《ぶっぽうそう》のこえは、あれは人工ではなかった。あれを人工だと疑い、それを立証しようとした学説には手落があって、結局その学説は負けた。けれどもこういうことが云えるだろう。ああいう夜鳥《やちょう》は早晩高野山上から跡を絶つかも知れない。そうして玩具《おもちゃ》の仏法僧鳥をばあそこの店で売る時が来るかも知れんとこういうのである。（昭和二年十二月）

青年僧と叡山の老爺

若山牧水

若山牧水〔わかやま　ぼくすい〕

明治十八年（一八八五年）―昭和三年（一九二八年）

歌人。新しい浪漫的な作風で、広く愛誦されるのびやかな歌を詠んだ。酒と旅を愛し、日本各地で詠んだ歌が歌碑として数多く残されている。優れた紀行文も多い。歌集に『別離』『みなかみ』など。

●本作は昭和大正十四年（一九二五年）に発表された。

一週間か十日ほどの予定で出かけた旅行から丁度十七日目に帰って来た。そうして直ぐ毎月自分の出している歌の雑誌の編輯、他の二三雑誌の新年号への原稿書き、溜りに溜っている数種新聞投書歌の選評、そうした為事《しごと》にとりかからねばならなかった。昼だけで足らず、夜も毎晩半徹夜の忙しさが続いた。それに永く留守したあとのことで、訪問客は多し、やむなく玄関に面会御猶予の貼紙をする騒ぎであった。

或日《あるひ》の正午すぎ、足に怪我をして学校を休んでいる長男とその妹の六つになるのとがどやどやと私の書斎にやって来た。来る事をも禁じてある際なので私は険しい顔をして二人を見た。

「だってお玄関に誰もいないんだもの、……お客さんが来たよ、坊さんだよ、是非先生にお目にかかりたいって。」

坊さんというのが子供たちには興味を惹いたらしい。物貰いかなんどのきたない僧服の老人を想像しながら私は玄関に出て行った、一言で断ってやろう積りで。

若い、上品な僧侶が其処に立っていた。あてが外れたが、それでもこちらも立ったまま、

「どういう御用ですか。」

と問うた。

返事はよく聞き取れなかった。やりかけていた為事《しごと》に充分気を腐らしていた矢先なので、

「え？」

と、やや声高に私は問い返した。

今度もよくは分らなかったが、とにかく一身上の事で是非お願いしたい事があって京都からやって来た、という事だけは分った。見ればその額には汗がしっとりと浸み出ている。これだけ言うのも一生懸命だという風である。何となく私は自分の今迄の態度を恥じながら初めて平常の声になって、

「どうぞお上り下さい。」

と座敷に招じた。

京都に在る禅宗某派の学院の生徒で、郷里は中国の、相当の寺の息子であるらしかった。幼い時から寺が嫌いで、大きくなるに従っていよいよその形式一方偽礼《ぎれい》一点張でやってゆく僧侶生活が眼に余って来た。学校とてもそれで、父に反対しかねて今まで四年間漸《ようや》く我

慢をして来たものの、もうどうしても耐えかねて昨夜学院の寄宿舎を抜けて来た。どうかこれから自分自身の自由な生活が営み度《た》い。それには生来の好きである文学で身を立て度く、中にも歌は子供の時分から何彼と親しんでいたもので、これを機として精一杯の勉強がしてみたい。誠に突然であるけれど私を此処に置いて、庭の掃除でもさせて呉れ、というのであった。

折々こうした申込をば受けるので別にそれに動かされはしなかったが、その言う所が真面目で、そしてよほどの決心をしているらしいのを感ぜぬわけにはゆかなかった。

「君には兄弟がありますか。」

「いいえ、私一人なのです。」

「学校はいつ卒業です。」

「来年です。」

「歌をばいつから作っていました。」

「いつからと云う事もありませんが、これから一生懸命にやる積りです。」

という風の問答を交しながら、どうかしてこの昂奮した、善良な、そしていっこくそうな青年の思い立ちを飜《ひるが》えさせようと私は努めた。別に歌に対して特別の憧憬や信念があるわけでなく、唯だ一種の現状破壊が目的であるらしいこの思い立ちを矢張り無謀なものと見るほかはなかったのだ。

しかし、青年はなかなか頑固であった。永い間考え抜いて斯《こ》うして飛び出して来た以上、どうしても目的を貫きます、先生が許して下さらねばこれから東京へなり何処へなり行きます、と言い張っている。

私は彼を散歩に誘うた。初めはほんのかりそめごとにしか考えなかったのだが、あまりに彼の本気なのを見ると次第にこちらも本気になって来た。そしていろいろ自宅の事情を聞き、彼の性質をも見ていると、どうしても彼を此処で引き止めねばならぬ気になって来た。気持を変えるため、散歩をしながらもし機会があったら徐《おもむ》ろにそれを説こうと、出渋ぶるのを無理に連れだって、わざと遠く千本浜の方へ出かけて行った。

其処に行くのは私自身実に久しぶりであった。松原の中に入ってゆくと、もう秋というより冬に近い静けさがその小松老松の間に漂うていた。海も珍しく凪《な》いでいた。入江を越えた向うには伊豆が豊かに横《よこた》わり、炭焼らしい煙が二三ケ所にも其処の山から立昇っているのが見えた。

砂のこまかな波打際に坐って、永い間、京都のこと、其処の古い寺々のこと、歌のこと、地震のこと、それとはなしにまた彼の一身のことなどを話しているうちに、いつか上げ潮に変ったと見えて小波の飛沫が我等の爪先を濡らす様になった。では、そろそろ帰りましょうか、と立ち上る拍子に彼は叫んだ。

「ア、見えます見えます、いいですねエ。」

と。先刻《さっき》からまちあぐんでいた富士が、漸《ようや》くいま雲から半身を表わしたのだ。昨夜の時雨で、山はもう完全にまっ白になっていた。

「ほんとうにいい山ですねエ、何と言ったらいいでしょう。」

私はそれを聞きながら思わず微笑した。漸く彼が全てを忘れて、青年らしい快活な声を出すのを聞いたからである。

帰って来ると、子供たちが四人、門のところに遊んでいた。そして、

「ヤ、帰って来た帰って来た。」

と言いながら飛びついて来た。一人は私に、一人はその若い坊さんに、という風に。

「なぜ斯んな羽織を着てんの？」

客に馴れている彼等は、いつかもうその人に抱かれながらその墨染の法衣の紐を引っ張り、斯うした質問を出して若い禅宗の坊さんを笑わすほどになっていた。

その翌朝であった。日のあたった縁側でいま受取った郵便物の区分をしていると、中から一つの細長い包が出て来た。そしてその差出人を見ると、私は思わず若い坊さんを呼びかけた。

「これは面白い、昨日君に話した比叡山の茶店の老爺から何か来ましたよ、また短冊かな。」

そう言いながらなおよく見ると、表は四年も昔に引越して来た東京の旧住所宛になっている。スルト、こちらに越して来てから一度の音信もしなかったわけである。中から出たのは一枚の短冊と一本の扇子であった。

短冊には固苦しい昔流の字で、

「うき沈み登り下りのみち行を越していまては人のゆくすゑ、粟田」

と書いてある。粟田とは彼の苗字である。変だなア、といいながら一方の扇子を取って見ると何やら書いた紙で包まれてある。紙には矢張《やはり》粟田爺さんの手らしく、

「失礼ながら呈上仕候」

とある。中を開いてみると、

「粟田翁の金婚式を祝いて」

という前書きで、

「茶の伴や妹背《いもせ》いそちの雪月花、佳鳴」

と認《したた》めてある。

「ホホオ！」

私は驚いた。

「あのお爺さん、金婚式をやったのかね。」

「へへエ、もうそんなお爺さんですか、でもねエ、よく忘れずに斯《こ》うして送って呉れますわネ。」

いつか側に来ていた妻も斯う言った。

そうすると短冊の、「うき沈み……」も意味が解って来る。念のために裏をかえしてみると、「大正十二年」と大きく真中に書いて、下に二つに割って「七十六歳、六十五歳」と並べて書いてあるのであった。

大正七年の初夏であった。私は京都に遊んで、比叡山に登ってすぐ降りて来るというでなく、暫《しば》く滞在したい希望で、山上の朝夕をいろいろ心に描きながら登って行ったのであった。登りついたのは夕方で、人に教わっていた通り、大勢の人を泊めて呉れるという宿院というに行き、取次に出た老婆に滞在のことを頼んだ。ところが老婆の答は意外であった。今はただ一泊の人を泊めてあげるだけで、滞在の人は一切泊めることはならぬ規則になっているのじゃ、というのだ。イヤ、今までよく滞在させて貰ったという話を聞き、その積りで登って来たので是非そうして貰いたい、と頼むと、今までは今までや、ならんというたらならんのじゃ、という風で、まごまごするとその夜の泊りも許されまじい有様となった。止むなく、私はどうか今夜だけ、と頼んで漸《ようや》く部屋に通された。老婆がその通り、給仕に出た小僧もまた不愉快千万な奴で、遙々楽しんで来たこの古めかしい山上の幻の影は埒《らち》もなくくずれてしまった。

で、翌朝夜があけるのを待って宿院を出た。すぐ下山しようとしたが、斯《こ》んな風では恐らく二度とこの山に登る気にもなれまい、来たを幸い、普通一遍の見物だけでもやって行こうと踵《きびす》を返して、根本中堂からずっと奥の方へ登って行った。当山の開祖伝教《でんぎょう》大師の遺骨を納めてあるという浄土院へゆく路と四明ケ嶽へ行く路との分れ目の所に一軒の茶店のあるのが眼についた。その時のことを書いておいたものがあるのでその文章を此処に引いて見よう。

ちょうど通りかかった径が峠みた様になっている処に一軒の小さな茶店があった。動きやまぬ霧はその古びた軒にも流れていて、覗いてみれば薄暗い小屋の中で一人の老爺が頻《しき》りに火を焚いている。その赤い火の色がいかにも可懐しく、ふらふらと私は立ち寄った。思いがけぬ時刻の客に驚いて老爺は小屋の奥から出て来た。髪も頰鬚も半分白くなった頑丈な大男で、一口二口話し合っているうちにいかにも人のいい老爺であることを私は感じた。そして言うともなく昨夜からの愚痴を言って、何処か爺さんの知ってる寺で、五六日泊めて呉れる様な所はあるまいか、と聞いてみた。暫《しば》く考えていたが、ありますよ、一つ行ってきいて見ましょう、だが今起きたばかりで、それに御覧のとおり私一人しかいないのでこれからすぐ出かけるというわけにはゆかぬ、追っ附け娘たちが麓から登って来るからそしたら直ぐ行って問合せましょう、まア旦那はそれまで其処らに御参詣をなさっていたらいいだろうという思いがけない深切《しんせつ》な話である。私は喜んだ、それが出来たらどれだけ仕合せだか分らない。是非一つ骨折って呉れる様にと頼み込んで、サテ改めて小屋の中を見廻すと駄菓子に夏蜜柑煙草などが一通り店さきに並べてあって、奥には土間の側に二畳か三畳ほどの畳が敷いてあるばかりだ。お爺さんはいつも一人きり此処にいるのか、ときくと、夜は年中一人だが、昼になると麓から女房と娘とが登って来る、と言いながら、ほんの隠居為事《しごと》に斯んなことをして居るが馴れて見れば結局この方が気楽でいいと笑っている。小屋のうしろは直ぐ深い大きな渓《たに》で、いつの間にか此処らに薄らいだ霧がその渓いっぱいに密雲となって真白に流れ込んでいる。空にもいくらか青いところが見えて来た。では一廻りして来るから何卒お頼みすると言いおいて私は茶店を出た。

その頼みは叶ったのであった。叶って私の泊る事になった寺は殆んど廃寺にちかい荒寺で、住職もあるにはあるのだが麓の寺とかけ持ちで殆んどこちらに登って来ることもなく、平常はただ年寄った寺男が一人居るだけであった。それだけに静寂無上、実に好ましい十日ばかりを私は深い木立の中の荒寺で過すことが出来た。

その寺男の爺というのがひどく酒ずきで、家倉地面から女房子供まで酒に代えてしまい、今では木像の朽ちたが如くになってその古寺に坐っているのであった。耳も殆んど聾《つんぼ》であった。が、同じ酒ずきの私にはいい相手であった。毎日酒の飲める様になった老爺の喜びはまた格別であった。旦那が見えてからお前すっかり気が若くなったじアないか、と峠茶屋の爺やにひやかされるほど、彼はいそいそとなって来た。峠茶屋の爺やもまたそれが嫌いでなかった。

私の滞在の日が尽きて明日はいよいよ下山しなくてはならぬという夜、私は峠茶屋の爺やをも招いてお寺の古びた大きな座敷で最後の盃を交し合った。また前の文章の続きを此処に引こう。

寺の爺さんは私の出した幾らでもない金を持って朝から麓に降りて、実に克明にいろいろな食物を買って来た。酒も常より多くとりよせ、その夜は私も大いに酔う積りで、サテ三人して囲炉裡を囲んでゆっくりと飲み始めた。が、矢張り爺さんたちの方が先に酔って、私は空しく二人の酔ぶりを見て居る様なことになった。そして口も利けなくなった二人の老爺が、よれつもつれつして酔っているのを見ていると、楽しいとも悲しいとも知れぬ感じが身に湧いて、私はたびたび泣笑いをしながら調子を合せていた。やがて一人は全く酔いつぶれ、一人は剛情にも是非茶屋まで帰るというのだが、脚がきかぬので私はそれを肩にして送って行った。そうして愈々《いよいよ》別れる時、もうこれで旦那とも一生のお別れだろうが、と言われてとうとう私も涙を落してしまった。

その峠茶屋の爺さんが即ち今度金婚式を挙げた粟田翁であるのだ。その時、山から京都に降りると其処の友だちが寄って私のために宴会を催して呉れた。その席上で私は山の二人の老爺のことを話した。するとその中の二三人がその後山に登ってわざわざ茶屋に寄り、斯《か》く斯《か》くであったそうだナという話をした。へええ、そういう人であったのかと云って爺さんひどく驚いたということをその人から書いてよこした。それから程なく、古い短冊帖に添えて、これは昔から自分の家に伝わって居るものであるが、中に眼ぼしい人の書いたものが入っていはせぬか、どうか見て呉れと云ってよこした。これが粟田淺吉という名を知った初めであった。

短冊帖には三十枚も貼ってあったが、私などの知っている名はその中にはなかった。斯《こ》ういうことに詳しい友だちにも持って行って見て貰ったが、当時の公卿か何かだろうが、名の残っている人はいないということであったのでその旨を返事し、なお自分自身のものを一二枚添えてやったのであった。それらのことを、昨日千本浜で京都附近の話の出た時に、その若い坊さんにしたのであった。其処へこの短冊と扇子とが送って来たのだ。爺さん、まだ頑丈であの山の上の一軒家に寝起きしているのであるかとおもうと、いかにもなつかしい思いが胸に上って来た。すると、あの寺男の爺さんはどうしているであろう。

そういうことを考えていると、若い坊さんは急に改めて両手をついた。そして、昨日からのお話で、今度の自分の行為が余りに無理であることが解った、自分の一生の志願を全然やめ様とは思わぬが、とにかく今の学校だけは卒業して年寄った父をも安心させます、では早速ですがこれから直ぐお暇します、という。そうすると私も妻も、わずか一日のうちに親しくなってしまった幼い子供たちも、何だか名残が惜しまれて、もう二三日遊んで行ったらどうかと、勧めたけれども、学校の方がありますので、と云って立ち上った。家内中して門まで送って出た。帽子もない法衣のうしろ姿を見送りながら私は大きな声で呼びかけた。

「帰ったら早速比叡に登って見給え、そうしてお爺さんに逢ってよろしく言って下さい。」

冬の法隆寺詣で

正宗白鳥

正宗白鳥〔まさむね　はくちょう〕

明治十二年（一八七九年）―昭和三十七年（一九六二年）

小説家、劇作家、文学評論家。明治から大正にかけて自然主義作家として一線に立ち、昭和に入ってからは率直で鋭い話法による数々の評論でも注目された。代表作に小説『入江のほとり』『今年の秋』、評論『文壇人物評論』など。

●本作は昭和三十三年（一九五八年）に発表された。

十二月中旬、私は法隆寺詣でをした。私は青年のころから今日までに幾度この寺へ行ったことか。さして意味のある事ではないので、ただ何かのはずみで身に着いた習慣を追っているようなものである。半世紀あまりも前に、Y新聞の美術面担任記者となった時、それでは奈良の寺院や仏像ぐらいは、一通り見て置かねばなるまいと思い立って、上野の博物館員の紹介状をもらって出掛けた。法隆寺では、夢殿の観音の修理をしていた。私はいわれ因縁を知らず、この秘仏の有難味を知らず、ただの枯木の仏体を見たのに過ぎなかった。

その後、京阪地方に来た次手には、よくこのお寺に立ち寄った。半世紀以来奈良文化の研究はますます盛んになり、寺院や仏像の美術鑑賞は、多くの新人によっても豊かに試みられ、ふるぼけた古物が、さんぜんたる光を放つようになっているらしいが、私は奈良に於いて美術研究をしようと企てたことはなかった。幾つもの奈良美術鑑賞本は殆んど読んだことなく、案内書をも殆んど読んでいない。飛鳥も天平も推古も、時代別なんか考えていない。ただ漠然見て過ぎているだけである。今年も去年も一昨年も、十二月に入っての初冬のころ、修学団体などで雑沓されない時に、ふと思い立って、このあたりで半日を過すだけであった。初冬の日は静かである。参拝者は三四人に過ぎない。「冬枯や奈良にはふるき仏達」か。「冬の日や奈良にはふるき仏達」か。しかし、私はお寺まいりをし、仏様を見て歩いて、仏心《ほとけごころ》を起すのではない。でも、仏様を見ていると、不思議にいい気持がするのであった。時々は、いい気持よりまずい気持にされることもある。金堂も美術品保存の主旨から面目を新たにされているが、昔のような神秘縹渺《ひょうびょう》の趣は無くなった。薄暗いところで、漠然とした壁画を見詰めて、幼な心に空想していた極楽世界を夢見ることも出来なくなっている。金堂の壁画は、破損崩壊をふせぐために、近所の倉庫に移されているのである。そして、釈迦浄土も薬師浄土も明るい光に照らされている。明るい所に陳列されているので、画面がよく分るのだが、極楽浄土としての恍惚境は、この倉庫に展示されている壁画からは感ぜられないのである。全体、古風な浄土観なんかは現代人の頭脳には消滅しているのであろうから、金堂の壁画だって時の流れにつれて崩壊の運命を持っているのなら、崩壊にまかせたらよさそうにも思われる。移るものの移るにまかせ、亡びるものの亡びるに任せるのが、仏教の精神であるまいか。諸行無常は諸行無常である。

私には仏教知識も仏教美術も極めて乏しいのであり、またそれ等に関係の本は殆んど読んでいないので、なんど法隆寺かいわいをうろついても、本格的の知ったか振りは言えないのだが、私には、奈良の大仏は、図体ばかり大きくっても、あの顔はいつも凡庸そのもののように思われる。救世観音とは世を救う仏様と云う意味か。観音様は、西洋のマリア様見たいに懐しい仏像であるが、数多き観音像のうち、真に尊い思い懐しい思いを寄せられる観音は、案外少ないのである。だから、夢殿のそれのように秘仏にして、衆人に見せなかったのがよかったのである。そういう古人の心掛けはバカにされないのである。秘仏にして有難味をつけて置く方がよかったのだ。百済《くだら》観音などは、長細い身体を立ちずくめで千幾百年。さぞ疲れたことであろうと思って見ていると、その柔しい、和やかな面貌に、永遠の疲れ知らずの表現に心惹かれて、私でもうっとりするようになるのである。

それ等すべての観音のうちで、かねて私が最も面白いと思っているのは、法隆寺のそばの中宮寺の観音である。私は昔から法隆寺に遊ぶたびにそこへ道寄りして、別の拝観料を払って礼拝するのである。この観音の姿態は異っていて面白いが、その顔そのものが、型の如き観音顔でなくって、近代的知性のほのめきがあるのである。その目が現世的に生き生きしている。今度観ているうちにこの観音、女優になってイプセンの『ヘッダ・ガブラ』のヘッダに扮したら、その役柄にぴったりはまるのではないかと私には空想された。「薬師寺」も「唐招提寺」も、今度はバスの窓からそちらをながめただけで素通りした。しかし、素通りを縁として、井上靖の『天平の甍《いらか》』を速読した。かねて、唐招提寺の創立者たる盲目の鑑真《がんじん》和上の事を知りたいと思っていたためである。読んで作者も材料の研究に骨が折れたことだろうと思い、私などの真似の出来ないことだと感嘆した。当時の恐るべき渡海の苦労をしのいで、未知の経文に接触せんとする好学求道の青年の心境は、私には分らず、この小説にも納得出来るように描かれていない。それから、ここにあるいろいろな、名前からして六ケ敷《むつかしき》経文は、案外詰まらないもので、こけおどかしの妄言集ではなかったかと、私には邪推されるのである。そんな詰まらんものを生命を賭して長い年月を費して写しに行く人間心理を、作者として検討したら一層面白くはなかったかと、余計な事を考えたりした。鑑真和上の叙述は案外簡単で、盲目のまま渡海の大難事を決行した心事などちっとも分らず、後日のカトリック僧徒の渡日同様、私などの窺い知らない神奥な宗教信念を感得しているとも思われない。

私の癖になっている年々の法隆寺行は、無意味であるが、人間が無意味なことを行うところに意味がある。

私は、法隆寺参拝のあとで、わざわざ伊勢の松阪の有名な牛肉屋へ行って、牛肉を二三切れ食べた。私は青年時代からのビフテキ愛好者なので、世間の噂にかぶれて、日本一の牛肉を食べて見たいと思ったためである。宗教心からの法隆寺行、食慾からの松阪行。意味深遠らしくて、顧みると実は何でもないのだ。弱い私の胃は、三切れか四切れの牛肉を収容し得たのに過ぎなかった。

平泉　金色堂　中尊寺

中野重治

中野重治〔なかの　しげはる〕

明治三十五年（一九〇二年）―昭和五十四年（一九七九年）

詩人、小説家、評論家。戦前のプロレタリア文学運動、戦後の民主主義文学運動を代表する一人。繊細で潔癖な感受性と妥協を許さない批判精神を持つ作品を発表した。代表作に小説『村の家』『歌のわかれ』『むらぎも』など。

●本作は昭和三十四年（一九五九年）に発表された。

平泉の名、中尊寺の名、金色堂の名は、やはり私なども子供時分から聞いていた。とはいっても、小学校、中学校で、教科書の歴史の話としてちらりと聞いたというのに過ぎなかったろうが、それにしても、いったい何をどんなふうに聞いたものやら、思い出してみようとしてもそのよすがかない。

ただ、何やら、金色《こんじき》に光っているとはいうものの、それが、日の光のなかに、あかるく、燦然《さんぜん》として輝くというのとは、どこかちがっていたらしいことがおぼろに思い出される。そういってわかりにくければ、おなじく金色に照っているとはいっても、日光の東照宮とは、子供ながらにちがったおもむきに受けとっていたらしいといえば見当がつくだろうか。明るさとはいっても、それは明るいなかでの明るさでなくて、暗いなかでの明るさといったものだった。金の色とはいっても、それは黒ずんだ緑にかこまれて、その奥におしこめられた金の色といったものだった。こういう記憶は、誇張して考えてもなるまい。知らずに知らずに記憶があとから作られるということはちょいちょいある。しかし何にしても、学校教師その人たちが、金色堂なら金色堂を、東照宮などとはちがったものとして子供らに教えていたのであっただろう。

しかし別のこともそこにあったかも知れない。たとえばその一つに、平泉という土地のことがよくわからぬということがあったろうと思う。そこに生れたもの、そこの近くで育ったものでもなければ、たとえば九州や関西の人間にとって、奥州というところがそもそもいったいにわかりにくいということがあっただろう。いまの地理でいって、平泉が何県何郡にあるかというようなことが、よその土地にくらべていきなりにはわかりかねる。見当がつけにくい。そのうえ、事がらが八百年から千年の昔にさかのぼる。もっとさかのぼる。知らぬ土地、親しみのうすい北の方の国、そのいくらか未開だったらしい国に千年も昔にあったこと、もの。そういうわかりにくさが単純に言ってそこにあったろうと思う。「みちのく山に黄金《くがね》はなさく」とはいっても、また現にその金が運ばれてきて、くさぐさの品に目の前でつくられたにはしても、それを見た大和人《やまとびと》、奈良人たちがどんなところとして「みちのく」を考え描いたのだったろうか。シベリヤ、アラスカ、気候は暑くなるがアフリカの産金地帯のようなところとして、ヨーロッパの一部の人間が思い描いたようにして思い描いたふしがそこになかったかどうか。遠いところ、寒い国、文明の及ばぬ未開の土地、政治の中央が阿倍比羅夫《あべのひらふ》だの坂上田村麻呂《さかのうえのたむらまろ》だのをやって征伐させたり鎮圧させたりした土地、何よりもあの「柵」というもののつくられた地方、そこに金が花さいただけに、いっそうまわりの暗さが浮きだしてくるようなところというのが、平泉の名にまつわってきはしなかったろうか。

それに第一に、何といっても昔のことだった。寺とはいっても、奈良のほうのとは話がちがっている。奈良のほうが古かった。京都のほうも古かった。その奈良のほう、京都のほうが委細がわかっている。新しいほうの中尊寺がわからない。そもそも寺からして残っていない。戦争ということもあるにはあったが、中尊寺そのものが、山火事とか野火とかいったもので焼け失せてしまったというのさえ、なんとも山城、大和の方とちがっている。金碧燦爛《きんぺきさんらん》としていた結構、大建造物が、山火事なんというもので跡かたもなくなってしまった。あとは野狐《やこ》の住むにまかせた——狐のいるいないにかかわらず、感じとして——というのは、中尊寺とそれを取り巻く地帯、人間とのあいだに、いわば文明の或る落差があったということでもなかったか。寺々のまわりに、寺のなかだけでなく、奈良生活そのもののの文明があったというのとそこがちがっていはしなかったかと私は思う。秀衡《ひでひら》から義経へくる悲劇にさえそんな影がさす。金売吉次《かねうりきちじ》の話にさえそんな影がさしているという気がする。

別の言い方をすれば、私には、影も形もなくなった中尊寺にたいして、中尊寺、毛越寺などいうものをつくった人びとにたいして、またそういうものを囲んで生きていたこの北方の百姓、人間、民族にたいして、一種の偏愛のようなものがある。西の方あるいは南の方から来た人びとにたいして、あるときには悲しいばかりの身ぶりで自分をまもろうとするほかなかった人びとに親近感といったものを私は持っている。そこに戦があって、八幡太郎義家は勝ち戦をしていた。安倍貞任《あべのさだとう》は負け戦をしていた。

勝ち戦の義家が歌いかける。

「衣のたては　ほころびにけり」

負け戦の貞任が、負けながら振りむきざまにそれにこたえる。

「年を経し　糸のみだれのくるしさに」

私は心から貞任に同情する。

捕えられた宗任《むねとう》が、大宮人どもの前に引きだされて北東の「えびす」としてあなずられた。才のまわる男が梅の花を一枝さしだしてたずねる。

「これは何かな……」

さすがに宗任がこたえる。

「わが国の梅の花とは見つれども大宮人はいかがいふらむ」

「年を経し」とこたえたとき、負け戦の貞任は、ある意味で勝ち戦の義家の上を行っていたのではなかったか。「わが国の」と言ったとき、おろかな大宮人どもは、「わが国の」にかけた宗任の心持ちに察しがつかなくて、それを、都で呼ぶとおりの、「日本の」梅の花といったとして受けとったのではなかったろうか。妄想というべき私の言いすぎであって、宗任にしても、あるいは「日本国の梅の花」という心で言ったのかもそれは知れなかった。

私としては、何で彼らが、そんな都ぶりの歌の形でなくて、「えびす」ぶりの形でこたえなかったのだろうとさえ口惜《くちお》しく思ってくる。

日本列島の西から中央へかけて弥生《やよい》式の人びとがいて栄えていた。その前に、東から北にかけて生きて栄えた縄文《じょうもん》式の人びとは没落した。弥生式の人びとと縄文式の人びととが、民族として別であったかなかったかの詮議は私の任でない。ただ、縄文の遠い遠いなごりが、天平感宝元年《てんぴょうかんぽう》の砂金発見の時分までたえだえにしろこのへんに流れていはしなかったか。安倍貞任の時まで、藤原清衡《きよひら》、秀衡《ひでひら》の時分までもそれが流れていたのではなかったか。自分を守ろうとしながら、その武器は西南から来たものを採用しなければならず、そしてそれによって、歌問答という形ででさえ身を亡ぼさねばならなかった彼らの運命に私は同情する。鎌倉ぎらいの西行《さいぎょう》が、どの程度秀衡《ひでひら》に惚れこんでいたかそこの深さということはわからない。けれども、武士と中央とを捨てた西行が、秀衡の人柄と富とは別としても、そこに形づくられていた中央から独立のもの、縄文の遠い遠いなごりに一時の気やすめを見つけていたかも知れぬということは空想として考えられても許されよう。

やはり歴史は統一へ向ってすすんでいた。この平泉に「文化」を植えつける。そう考えただけで寺院を建立するほかはない。池を掘れば掘ったで、竜頭鷁首《りょうとうげきしゅ》の舟をそこへ浮べるほかはない。中央からの独立ということが、中央をこの地に移すという形ででしか実現できぬということに歴史の姿があったともいえるのだろう。泰衡《やすひら》になって、鎌倉に屈して義経に急襲をかけたというのも、その泰衡がそのまま首をはねられることになったのも、泰衡その人の弱さのせいでもあったろうが、それだけだったのでもあるまい。前九年の役《えき》、後三年の役ののち、清衡《きよひら》がそもそも中尊寺を中尊寺としてつくったことに泰衡の悲運は胚胎していたのだったろう。

私が平泉中尊寺を訪ねたときは雨が降っていた。秋の末のつめたい雨が今日も明日も降った。義経の屋敷跡というところへ登ったときなどは風さえ荒れていた。北上川にむかって崖を削りとられた孤立した高台、ほんのせまい台地の上の杉の大木の上には猛烈に烏が群れていて、雨風《あめかぜ》のなかのその声はさびしいものにも兇逞《きょうてい》なものにも聞かれた。一本ある馬酔木《あしび》も奈良あたりのとは様子がちがっている。「周防国人岩国三郎兼末《すおうのくにのひと》と云ふ者一条公に仕へし頃、判官《ほうがん》義経参候《さんこう》したりし時に兼末は配膳の役にて能《よく》見知りたり。未だ一向の小冠者《こかじゃ》にて木曾などと様替《さまがわ》り、最優《いと》に京馴れ、年頃は二十許《はたちばかり》にて色白面長《おもなが》に鬚《ひげ》もなく、折々は上の方を見上る癖」があったというような文句にどれだけ信用がおけるものか私は知らぬけれども、「折々は上の方を見上る癖」というのがへんになまなましく聞えてくる。

しかしそれにしても、「五月雨《さみだれ》のふり残してや光堂」という芭蕉の句が、そうは思っていたものの全くの創作だということも私にはおもしろかった。といってもこれには告白のようなことをしなければならない。私は、中学生でこれを習ったとき以来ざっとこんなふうにこの句を取ってきていた。五月雨ころの暗鬱な杉林かなんかの奥まったところ、そこに金色堂だけが燦然として輝いている。そこだけが明るい。ただそうとだけ考えてきたけれども、来てみると、だれも知るように堂には套堂《とうどう》がかかっている。昨日今日のことではない。義経が殺されて百年したときには覆堂《さやどう》が出来ているのだから、芭蕉の遍歴当時それが破れていたとしてもやはりこれは文学としての詩であったのだろう。しかもおもしろいことに、覆堂《さやどう》を目の前に見ていてやはり芭蕉どおりに光堂が見えてきてしまうのだから仕方がない。

その金色堂のなかではやはり漆が私には一番強く来た。金ということはむろんある。螺《ら》鈿《でん》の細工ということもある。仏像のことは言うまでもない。それでもなお、それにも増して漆が私には一番強くひびいた。これは説明のしようがない。ことに床の漆の魅力が強くこたえた。これは、元はこの上に金が置いてあったのだろう。その金が剝げて、いまは漆だけになっている。こういう厚手で強靭な手ごたえというものは私はほかにあまり知らない。漆がこのへんに豊富に出たということも私は知らずにいたが、金生産との割合いなどということも私は全く知らずにいた。いまも知らない。ただ、『玉葉』などで見ると金の採取にも消長があって、次第に末細になったらしい話があるが、泰衡《やすひら》没落などにも関係があるだろうか。漆とは別に、金には金でいろいろのことが考えられる。

寺に伝わる能のことも私は聞いたがこれは書くほどのことはない。ないというのは私に力がないということで、いくつかの面にはほんとうに素人ながら引かれた。ことに、出目《でめ》甫《ほ》閑《かん》作だという「秀衡悪尉《ひでひらあくじょう》」というのがよかった。「秀衡悪尉」というのは新作「秀衡」

が出来てからのことらしいが、私のさっきの縄文びと、北方びとの面《つら》だましいがさながらに出ているように妄想された。同時にしかし能楽堂が立派だっただろう。忽焉《こつえん》としてそんな立派な能楽堂があらわれたというふうにそれはそこにあった。これは、雨の多いところで先き行きどうなろうかと心配になるほどの様子で木立の奥に建っている。この建物のことは、いまこれを書いていても何となく——場所がらではないが——気になる。

仏像についてはやはり私としては書くことがない。仏像なぞについては、私などはやはり一行も書かぬほうがいいだろうと思う。あまりにつつしみがなくなる。ただ一つ、たとえば一字《いちじ》金輪《きんりん》仏にしても、会津八一が奈良の仏について歌ったのとはちがったおもむきがあったとだけ書いておこう。おなじ仏にしても、奈良の土地で頬を塗って唇に紅《べに》をさしているのと、平泉の奥で頬を塗って唇に紅をさしているのとでは、どうしてもいくらか違う気がしてきてしまう。奈良でよりも、ここの平泉でこうして仏に肌の色をあたえた人びとに私は同情する。よそには見ないという角型の組紐にしても、第一にミイラにしても、こういうところでよそにない形を出すまでに努力した人びと、その群れの姿はいくらか悲しげに人を恍惚とさせる。それは葛西《かさい》の長者というような人がいて、その娘を札所めぐりに出して、無事で帰ってきたというので寺に奉納した巡礼札、その金文字、その無邪気でおっとりした書体などにもあらわれている。

つまるところ、中尊寺、金色堂というところは場所としてさびしい。そしてそれがいい。毛越寺もさびしい。そしてそれがいい。名所めぐりの人びとも、このへんとなればそれほどにはもう荒さぬらしいことがわかる。荒そうにも荒しようがないということでもあろう。

中尊寺門前の坂下には弁慶の墓というものもある。松があってその下に低い碑があり、素鳥という「坊中法泉院」出の男があって「色かへぬ松のあるしや武蔵坊」と書いて彫ってある。明治二十年ごろにはここは「桜川茶庭の庭内なり」というのだったらしいが今は道のまんなかになっている。

素鳥という人はどういう男だったのだろうか。毛越寺の芭蕉塚の文字もこの男が書いている。

「池の南畔には石碑あり。芭蕉俳詠の自筆を勒《ろく》せり。里俗之を芭蕉塚と云ふ。(近世素鳥と云ふ者、此碑の後世に至り字体漫滅せん事を慮《おもんぱか》り、其傍に同詠せる副碑を立つ。)

夏草や　つはものともか夢のあと」

岩手県士族一関町高平真藤という人の書いた『平泉志』というのにこう書いてあるが、つまりそれだから、芭蕉の手だというのと素鳥の書いたのと二つの碑が毛越寺の池のところに立っているが、素鳥というのはちょっとおっちょこちょいのところのある男だったのだろうか。私は素鳥に同情する。

平泉中尊寺はさびしい。光堂はその根もとの歴史とともにさびしい。毛越寺も昔の跡は礎石ばかりでさびしい。それでよかろうと思う。

普賢寺

大佛次郎

大佛次郎〔おさらぎ　じろう〕

明治三十年（一八九七年）―昭和四十八年（一九七三年）

小説家。『鞍馬天狗』シリーズや『赤穂浪士』などの時代小説により、大衆文学というジャンルに新境地を開いた。現代小説にも佳作が多い。フランス文学にも造詣が深く、『ドレフュス事件』、史伝『天皇の世紀』などの著書がある。

●本作は昭和四十年（一九六五年）に発表された。

京都から奈良へ行く道の、木津川両岸の地帯は、まだ工場などすくなく、山や河など自然の姿が、いかにものびのびとして眺望がひらけている。

秋晴れの一日、空にうかぶ白い雲が、川水に映って、茶畑など作ってある河原に、野菊の花が咲いているのを見ながら、田辺の普賢寺と、もうひとつ、百姓家のように小さい野寺に、あまり人に知られず守られている美しい観音を見に野中をはいって行く。

普賢寺は、私はこれまでに数度行ったが、いつも和尚が外に出たあとで一度も会ってない。

今度は珍しく、出て来た。もちろん私は名乗ってない。五十あまりの年のころ、髪も、ひげも不精にはやした僧で、一休和尚の画像の顔にどこか似ていると言ってもいい。一休も、ひげだらけで薪の一休寺に残っている木像には自分のひげを抜いてぼそぼそ植えてある。

本尊の観音は大きな厨子《ずし》におさめてあって漆塗りの扉を閉ざして錠をおろしてある。私

どもが待っていると、和尚がはいって来て、

「布団を敷いてお座りください」

と言った。

私どもは、午後の「ひかり」で東京に帰るひとがいて、急いでいたので、付いて来ていた京都の宿屋の女将が、

「いいえ、座らせてもらわなくともいいのです」

と言うと、和尚は、

「いや、座ってもらわねばなりませぬ」

と言い、御本尊が美しいのを見においでたのだろうが、これは拝む気持になってくださらぬと困るのです、と言った。私はこの寺の和尚の頑固なことを前によそで聞いて知っていたので、なるほど、と微笑を感じ、おとなしく布団を持ち出して座った。

和尚も座り、鉦と太鼓を打ちながら読経を始めた。いつ終るかと思って待っている間に、しだいに私はそうしているのが近ごろではまれな経験と考え、本堂の障子を明るくしている外の秋晴れの天地とともに、楽しくなって来た。

経が終ると、和尚は立って鍵を持って来て厨子の扉を左右にひらき、

「どうぞ、立ってご自由に拝んでください」

と、挨拶して、邪魔にならぬ位置に自分は退いた。

いつも、そうしている習慣なのか？　人が来て扉をあける毎に、ていねいに経をつとめるのは大変なことだろうと思ってから、すぐあとで、この寺が不便な場所にあるので、人もあまり来ないことに気がついた。

聖観音は大和聖林寺にある立派な立像とくらべてよい美しいものだが、世間にあまり知られてない。

その前に見た小さい堂にある木彫りの十一面観音も、それであった。見せながら老婆が丁子香を出して、私どもに手をきよめさせた。受け継いで来た敬虔な習慣がまだ残っているのが、心地よいことである。

京の宿に帰って来ると、私はそれと反対の不快なことに出会った。私どもの中に、京都で一、二を争う大寺の桃山時代の能舞台と茶室を見たいと望むひとがあり、なかなか見せないと聞いたので、間に人を立て、仕方なく私の名も通じて頼んでもらい、許可証が来ていた。その世話をしてくれたひとからの電話だが、実は寺の方では奥書院を見せるのに祠堂料を望んでいるので、その点をおふくみおきくださいと言う。私は自分の名まで通じてあるので、先方から言われなくとも、そうするつもりであった。

どのくらい上げればいいのですか、と尋ねると、それを先方は言わないのですから、適当にと言う。大体、どのくらいですか、と折り返して尋くと、七人ですから、一人が千円ぐらいかと思います。その額によって奥書院まで見せない場合もあります。

私はおそろしく、いやな気がして来た。先方は、京都の寺の中でも規模も大きく、また、ぜったい金持ちなので知られている寺だ。こちらから名前まで通してあることで黙って見せてくれても私は何も置かないで帰るような人間ではない。それに金額次第で、見せる場所と見せない場所と差別する。仏さまがいる場所でないな、と私は思った。拝観の許可が出て喜んでいる連れには気の毒だが、その人たちだけを見にやって、私は不愉快だから見に行くまい、と思った。そこで、その意味を告げて、申訳ないがと、あやまると、鎌倉の踊りのお師匠さんの吾妻君子さんだが、きっとした感じで、眉を上げて言った。

「そんなの、見たくない。あたし」

この市中にあって繁盛している大きな寺と、田舎の普賢寺の和尚が見せた態度とを、私たちは自然と思いくらべた。仏さまは、どちらの寺においでか、である。私たちは、その大きな寺の拝観をけとばして、大原の寂光院、三千院、円通寺の方をまわり、紅葉のある秋晴れの一日を楽しく味わった。

来迎会を見る

澁澤龍彦

澁澤龍彦〔しぶさわ　たつひこ〕
昭和三年（一九二八年）―昭和六十二年（一九八七年）
小説家、仏文学者、文芸評論家。マルキ・ド・サドやフランス現代文学の翻訳、美術評論、人間の精神や文明の暗黒面を浮き彫りにする随筆、幻想小説の執筆と多彩な分野で独自の世界を開いた。代表作に、評論『思考の紋章学』、小説『唐草物語』『高丘親王航海記』など。
●本作は昭和五十九年（一九八四年）に発表された。

風もない炎暑の庭で、濃艶なサルスベリの花がゆらゆら揺れている。今年は植木屋が来てくれなかったために、枝がのび放題にずんずんのびて屋根よりも高くなり、その枝のてっぺんに、例年になく多くの花がふさふさとむらがり咲いた。

サルスベリの紅色の花は、くっきりと明るくて、私には何となくインド的な感じがする。日本に輸入されたのは江戸時代というから、むろん古代中世の日本にはなかったはずなのに、どういうものか往古の奈良あたりの仏教寺院の庭に咲いていたとしても少しもおかしくはないような気がする。

暑くて寝苦しい夜をすごし、昼近くになって起き出すと、私はまず二階の寝室の鎧戸をあけて、寝ぼけまなこに沁みわたるような、あざやかな紅色のサルスベリの花を眺める。その日は九品仏《くほんぶつ》の来迎会を見に行くつもりだったから、もしかしたら、この花が常にもまして仏教的に見えたのかもしれない。

オリンピックは四年ごとに行われるが、九品仏浄真寺の二十五菩薩来迎会は満三年ごとに奉修される。今年はたまたま両方が重なったわけで、ロスのオリンピックが終ってから三日目、すなわち八月十六日の昼すぎ、私は誘われて友人とともに横須賀線に乗りこんだ。こんなかんかん照りの日ざかりに外出することは、私としてはめずらしいことだ。

じつは前から一度、私は来迎会というものを見たかったのである。先年、「ねむり姫」という短篇小説を書いたとき、私は作中に来迎会の場面を挿入した。それには仔細があるので、話のとっかかりとして、まずそのことを次に述べておこう。

『古今著聞集』の巻第十二に、後鳥羽院のおんとき、伊与の国をふてらの島というところに、天竺の冠者というものあり、山の上に家をつくって住み、「かしこに又ほこらをかまへて、其内に母が死たるを、腹のうちの物をとりすてて、ほしかためて、うへをうるしにて塗て、いはひおきたりけり」とある。つまり死んだ母の屍体から内臓を取りのぞき、屍体を乾し固めて、上に漆を塗ってミイラとなし、これを祠にまつって島民に礼拝させたというわけだ。

私は天竺の冠者を短篇に登場させたが、このマザー・コンプレックスとジェロントフィリー（老人愛）の権化のようなグロテスクな行動がおもしろくなかったので、礼拝の対象を母でなく、天竺の冠者の腹ちがいの若い娘に代えたのである。生きながら昏睡状態におちいって、死んだように眠りつづけている若い娘を往生人に見立てて、いんちき宗教の教祖たる天竺の冠者が、来迎会のセレモニーを主宰するという筋に代えたのである。

来迎会というのは、中世の庶民の安楽死願望の端的な表現であろう。医療制度が進歩して、死ぬにもなかなか死ねなくなった現在、私はこういうものに興味をもつ。

横浜から東横線で自由が丘へ行き、そこから大井町線に乗りかえて九品仏で降りた。こんな時間にこんな電車に乗ることはめったにないが、おどろいたことに、九品仏の駅のホームに降りてみると、ひとがあふれるばかりで、それがみんな来迎会を見に行く参詣客らしいのである。

浄真寺は駅からすぐのところにあって、思ったよりはるかに大きな寺だった。参道の両側にずらりと屋台店が出て、何のことはない、昔ながらのお祭の雰囲気である。カメラをもった外人がうろうろしているが、これは近ごろ、どこの寺社のお祭や法会でもやたら目につく光景だ。

本堂から上品堂へ長い橋が懸けわたされていて、その橋の両側に、来観のひとびとが三々五々あつまって、お勤めのはじまるのを待っている。見ると子どもづれや家族づれも多い。すでに午前十一時と午後二時の二回のお勤めがすんで、今度は午後五時半の最後のお勤めである。

私は暑くてやりきれないだろうと思ったから、日ざかりを避けて、夕刻の五時半のお勤めを見るべく家を出たのだった。夏のこととて、五時半といってもまだ明るく昼間のようなものである。

二十五人の菩薩に扮する信者は一般から公募するらしく、ほとんどすべておじいさんやおばあさんばかりだった。お面をかぶると何にも見えず、足もとがあぶないので、家族のものに付き添われて橋をわたる。

本堂が穢土《えど》で、上品堂が西方浄土である。行道する二十五人は、まず素顔のままで本堂から上品堂へわたり、そこでお面を顔につけて、笙篳篥《しょうひちりき》や御詠歌の伴奏とともに浄土から穢土へと御来迎になり、往生人とともにふたたび浄土へもどってゆく。最後にお面をぬいで、また穢土へ帰る。都合三回の行道で、これを来迎、往生、還来《げんらい》と称する。

小さなおばあさんが大きなお面をつけるから、ひどく頭でっかちになってユーモラスに見える。それぞれ手に蓮台だの楽器だのを持って、橋の上をそろそろ歩く。先頭が観音、その次が勢至《せいし》、いちばんうしろが地蔵で、これは昔から定まった聖衆の行列の順序だ。

金と青のけばけばしいお面が夏の陽に照り映えて、異様な感じをあたえる。おもしろいのは、付き添いの家族のものが小さな団扇をぱたぱたやって、ひっきりなしに菩薩の扮装をした老人たちを煽いでやっていることだった。たしかに長い衣裳をまとい、両手に手袋まではめているのだから、さぞや暑いことであろうと察せられた。最後に坊さんが橋の途中で蓮華をまき、貫主が来観のひとびとに十念を授けて、この日の来迎会はめでたく終った。

終ってから靴をぬいで本堂にあがってみると、開山珂碩《かせき》上人が彫ったという、大きな本尊の釈迦牟尼如来の印をむすんだ手の指に、ふとい五色の紐がむすびつけてあるのが見えた。この紐は本堂から上品堂まで、橋の上にぴんと張りわたしてあるのである。

この紐を見て、私は藤原道長が法成寺の阿弥陀堂で息をひきとるとき、弥陀如来にひいてもらうべき糸を、その手にしっかり握っていたという『栄華物語』のよく知られた記述を思い出さないわけにはいかなかった。

弥陀来迎の実演といい、この紐といい、古代人は形而上の世界のことを、目に見える具体物によって表象しなければ安心できなかったのではないかと想像される。また逆にいえば、具体物によって表象されているからこそ、形而上の世界を安んじて信じることができたのであろう。

私たちには望むべくもないが、藤原道長のような心境になるのもわるくはあるまい。そんなことを私は思った。

風景の中の寺

福永武彦

福永武彦〔ふくなが　たけひこ〕

大正七年（一九一八年）―昭和五十四年（一九七九年）

小説家。現代ロマンの創造を追求し抒情的な作品を生み出した。代表作に小説『草の花』『死の島』、随筆集『愛の試み愛の終り』など。加田伶太郎の名で執筆した推理小説、『ゴーギャンの世界』などの芸術評論、日本の古典の現代語訳など多彩な業績を残している。

●本作は昭和五十二年（一九七七年）に発表された。

その時には格別のこととも思わないでいて、後になってから懐しく想い起すような時期があるものだが、今からもう二昔も前のこと、春の小半月を京都で過したことがある。私はこの七八年というもの健康状態が芳しくなくて、そのため旅行も出来ず、せいぜい東京の自宅と夏の間の信濃追分の山荘とを往復するばかりだから、それが一層京都を懐しく思わせるのかもしれない。京都は新幹線で行けば東京からほんの一時《ひととき》で、思案をする方がおかしい位のものだが、今年の春は遂に決心して何年かぶりに桜を見に行こうと旅館まで予約していたのに、出掛ける三日ほど前に少々具合が悪くなってお流れになってしまった。具合が悪いというのは私の場合いつも胃の状態を指し、これが微妙に出来ているため今までの経験では長時間自動車に揺られていると、とかく破裂しがちである。桜を見るとなれば、私がもう一度も二度も行きたいと思っているのは丹波は常照皇寺のしだれ桜だが、あそこは北山を越えてから周山街道を車で逸散に走らなければならず、私に許容されている走行距離を少々はみ出していて、果して京都まで行ったとしてもその遠出が出来たかどうかは疑わしい。とすれば前に行った時のことを思い出して、その記憶を大事にしていれば済むということにもなるのである。

私が常照皇寺のしだれ桜を見に行った話は既に随筆に書いたことがあるが、その時は友人たちと一緒で細君に置いてけ堀を喰わせたから、今度は連れて行って見せてやりたいと思いはしたものの、こと私に関してはこの前で充分に堪能したから是非とももう一度という程のものではない。一期一会は桜の場合にも当てはまることで、適切なタイミングを失えば見ても見なかったに等しくなる。私はその年、微雨《びう》の中でこのしだれ桜が二分咲きから三分咲きへと次第に開くのを見てすっかり満足した。もう一度行ったからとて、必ずしも同じ三分咲きが見られるものではないし、記憶の中では花は最早散ることもないのだから。

しかしこのしだれ桜も、――しだれ桜の名品として今ではすっかり有名になったが、常照皇寺という舞台を別にしてはその価値を半減するだろう。少くとも我々の感じる情緒としては、例えば円山公園のしだれ桜が夜の人工照明の下で美しいのとは、まったく趣きを異にするのである。常照皇寺のしだれ桜は、南朝ゆかりのこの古寺の境内にあってこそその存在理由があり、光厳天皇の御陵によって南朝のはかない歴史を偲ぶことと、山国の春のほんの数日間に綻び、咲き揃い、そして散って行く桜を愛《め》でることとは、本質に於《おい》て同じである。私はしだれ桜にばかり執着しているようだが、それは私がその時期を狙って常照皇寺に詣でたからで、この寺は山桜も一段と見事だというし、秋の紅葉の素晴らしさはこれまた住職の保証したところであった。丹波の山奥に、鬱蒼たる檜や杉の大樹に囲まれて建つこの禅寺が、周囲の自然の中に溶け込むことによって一箇の別天地を創り出していることは言うまでもない。寺というものは、それを取り巻く環境を生かすことによって、常に現世に於ける別天地であることを指向するように見える。

＊

さて私は春の京都で花の時節を過した話をするつもりでつい常照皇寺の方に逸れてしまったが、昭和三十二年の春、京都の或る出版社の紹介で、南禅寺の塔頭《たっちゅう》最勝院の一室を借り受けて暮したことがある。出版社が作者を一箇所に軟禁して原稿を書かせることを俗に「缶詰」と称するが、私もまた頼まれた仕事を仕上げるために京都に拉致されるに当って、どうせのことなら宿屋の一室で呻吟するよりも、お寺の中で閑素に暮したいと申し出たものである。もっともこの時は細君と一緒だったから、長期間滞在するのに宿屋の飯ばかりでは飽きが来るだろうから、お寺の一室なら気儘が出来そうだという見込みもあった。当時は我々夫婦が、多少の不便は忍んでも好奇心を満足させたい年頃だったことも勿論である。朝昼を兼ねた食事には火鉢に火だねを貰ってパンなどを焼いて食っていたが、毎晩どこぞに晩飯を食いに行くのは少々くたびれた。出版社のHさんという女性が、有難いことに時々お弁当の差入れをしてくれた。境内にある湯豆腐屋にせっせと足を運んだことは勿論である。

私はその他にも京都をしばしば訪れ、宿屋で缶詰になったことも幾度かあるが、京都にいるという実感をこの時ほど味わったことはない。南禅寺には金地院を初めとする由緒ある塔頭《たっちゅう》が他にも幾つかあり、そんなところに泊れるなどとは思いもしなかった。一体どういう縁故でこの出版社が最勝院を紹介してくれたものか。先代の住職の未亡人である大黒さんが私たちの世話をしてくれたが、世話と言っても私たちは玄関に近い書院を一つ借り受けてそこで寝起きしていたにすぎない。他の部屋がどうなっているのか、がらんとして人の気配はなかった。ただ時々は現に塔頭をあずかっている壮年の住職が姿を見せて、使わない時は必ず電燈を消して下さい、と言いながら廊下も便所もみんな真暗にしてしまうので、細君は夜になるとびくびくしていたらしかった。

南禅寺は京都五山の上位で、広い境内に伽藍が聳《そび》え建っている。これを小まめに見て歩くのは骨が折れるから、普通は石川五右衛門の三門から大方丈まで行くと、それでもう安心してさっさと永観堂の方へ抜けてしまう。人が多ければ尚更である。つまり寺を見る時に群集の間に伍していると、つい自分も身体を動かす気になって、一箇所に佇んで静止した風景としての建築を見るということをしない。見物人がぞろぞろ動くのは目障りだから、自分も一緒に動いてしまえば見物人の姿が静止するような錯覚を覚えるのだろうか。そんなことはない。本来、寺は静かなものである。見物人がいないに越したことはないが、なかなかそんなわけには参らぬ。大体、寺が見物するものであるかどうか、そこにも問題があるだろう。

南禅寺は見物人の方の側から言えば、三門と、大方丈の前庭と、金地院にある茶室と障壁画とを見れば、ほぼ足りる。誰でも一度は足を向けるが、何しろ京都には名高い寺が数限りなくあるから、南禅寺がどんなに格式が高かろうと、そんなことは見物人にとって問題にはならない。極端な言い方をすれば、京都の寺がみなそれぞれの目玉商品を持っている中で、南禅寺は図らずも石川五右衛門によって名を売ってしまったから、大方丈庭園の美しさや伽藍の配置の妙などは人目を惹かず、要するに哲学の小道と称される疏水べりを銀閣寺まで歩いて行くための出発点または終点というにすぎない。名所ではあるが、金閣銀閣石庭苔寺などと同日には語れない。

しかしその中で暮してみると、南禅寺は実に忘れられない寺である。暮すと言うのは甚《はなは》だ痴《おこ》がましいが、広い境内を我が物顔に歩き廻って修行の雲水たちと度々行き逢えば、何となく見物人の眼よりは借家人の眼になって、情も移ろうというものである。

私たちが寺を見物して歩くときに、その寺が生活を持っていることをつい忘れがちになる。見物する程の寺は殆ど由緒ある古寺ばかりで、現在では拝観料を取ることで生活を支えているような寺も少くないが、それでもそこに生活がないわけではなく、況《いわん》や過去に於ける生活の名残は現に感じられる筈である。それを見落しては寺を見たということにはならない。大原の寂光院は今は知らないが、私が行った頃は茶室で尼さんが茶を点《た》ててくれた。その一服の茶は建礼門院の生活とどこぞで結びついているような気がした。もっとも京都の寺はこの頃はどこもかしこも拝観料を取って抹茶をふるまうらしく、経営という点では致し方ないものと思うものの、それによって寺それ自体の生活の匂が稀薄になって行くのは寂しい。寺は僧侶の修行の場であってむやみと俗人の足を踏み入れるべき場所ではなく、それを承知で恐る恐る我々俗人が拝観に及ぶからこそ、古寺のゆかしさも伝わって来ようというものである。拝観料さえ払えば、見物人はどんな傍若無人の振舞をしてもいい訣合《わけあい》のものではあるまい。

南禅寺大方丈の庭園は瓦を頂いた築地塀《ついじべい》によって仕切られているが、本来はその向うに借景として南禅寺山が見えた筈だ。今では庫裏の瓦屋根が山を隠して、庭はそれだけの空間として区切られている。借景ということは勿論作庭上の重要な要素に違いないが、私はこの南禅寺の庭のような、限られた空間の中に永遠が凝縮されている感じを、更に好む。これは私がこの庭を隙《ひま》に飽かせてじっくりと眺めた結果である。それに正面に見る築地塀と庫裏とに共通する瓦葺の直線的な美しさは、円やかな植込や石組と相俟って、まるで初めから予想されていたような効果をあげている。この瓦屋根というものは、南禅寺に限らず寺院建築の美的根拠の一つだろうが、南禅寺のように広い境内に多くの建物が分散しているところでは殊に目立つように思われる。

私は「隙に飽かせて眺めた」と書いたが、見物する時に余裕があるとないとでは印象の違うことは勿論である。南禅寺の塔頭《たっちゅう》に足場を持つのは地の利を得ているということであり、私たちはしばしば桜の咲く疏水べりを銀閣寺まで散歩の足を延し、途中にある永観堂や法然院の閑寂を愉《たの》しんだり、洛中洛外の寺詣りに出掛けて行って日の落ちる頃に人一人いない境内を急いで帰ったりしたが、どんな有名な寺よりも南禅寺の方に肩を持ちたくなるのは要するにそれだけ親しんだからである。日が落ちてから、体裁だけでも（というのは毎日出歩くから大黒さんの手前も恥ずかしくて）電燈の真下に机を据えて原稿を書いたりしていると、何やら遠くの方が騒がしい。物見高いのは持前だから、すぐさま細君を語らって様子を見に行くとこれが映画のロケーションで、ライトが煌々と白い土塀を照し出す前を丁髷《ちょんまげ》姿の浪人が往ったり来たりしている。と、忽《たちま》ちにして剣戟の響きが起る始末。本来なら神聖な禅寺の中で飛んでもないことだと慨嘆すべきところだが、これが意外に似つかわしく感じられて、腕組をして見物している。それというのもこの寺が歴史的存在だから、勤皇の志士も新撰組もひとしく吸収してしまうのだろう。私たちの他に弥次馬が殆どいないのも、いつまでも眺めていた理由の一つである。

最勝院は特に建築がすぐれているわけでも寺宝を蔵しているわけでもなく、わざわざ見物に来るほどの人がいる筈もなかったから、私たちはごく気楽に住んでいた。裏手へ廻ると見上げるような石段が続き、登り詰めたところに奥の院があって、その辺はひっそり閑としてまさに春闌《たけなわ》だった。最勝院の庭に白木蓮がひとり咲き誇っていたことも、今に忘れることが出来ない。

＊

寺を見物するのに、人が尠《すくな》ければこれに越したことはない。しかし京都奈良の名ある寺ともなれば、見物人がいないことはまず考えられないから、私たちは眼の前にうろうろしている群集がいないものとして、謂わば想像力を負の力で働かせて、寺を見なければならない。それは精神の一種の訓練ということになる。

しかし凡夫としては、相願わくは他に見物人などいない方が宜しい。花や紅葉の時節に何となく人が大勢出ていて当り前のような気がするのは、醍醐寺や勝持寺が花見の客を抜きにしては語れず、嵯峨や大原や三尾などの寺が紅葉ともなれば人と落葉とで埋まるのを見馴れているための錯覚で、人がいなければ花も紅葉も一層風情があるだろう。

私は京都に行く度に、大抵は銀閣寺道にある小さな宿屋に泊ることにしているが、これが銀閣こと慈照寺を見るために地の利を得ていることは言うまでもない。寧ろあまり近すぎてかえって行きにくいということさえある。或る時、夕方近くにぶらりと見物に行くと、魚板《ぎょばん》を鳴らす音が高らかに響いて、見学の時間が終ったことをしらせた。私はわざと遅れたわけではないが、池の向う側にいたので殆ど一人だけ取り残された形になってゆるゆる歩み、暫《しばら》くのあいだ銀閣の影が池の表に浮んでいるのを恣《ほしいまま》に眺めていた。こういうことは偶然でなければ出来ることではない。

それからまたこういうこともある。冬のごく寒い日に、車に乗せられて円通寺に案内されるという幸運を持ったことがあった。私がどこぞ人の行かない珍しい寺に行きたいものだとせがんだ結果で、冬の最中ならば何処でも閑散としていた筈だが、さすがに洛北の円通寺まで出掛ける物好きはまずあるまい。麓の深泥池《みどろがいけ》には薄氷《うすらい》が張って荒涼とした風景である。坂道を難航しながら車が登って行き、円通寺に着いた時には市内よりも雪が深いのに驚くと共に、これでは折角の庭園も見る程のことはないだろうと早くも落胆した。

円通寺の庭園は躑躅《つつじ》や山茶花《さざんか》などの植込で名高い。それ以上に生垣の向うに比叡山を借りていることで知られている。しかし板張の縁の上に腰を下して見渡したところでは、借景の代りに雪催《ゆきもよ》いの空が重苦しく垂れ込めて、どこに比叡山があるものやら。植込はみな雪をかぶって杉苔の色も掻き消されている。ところがその白一色の庭の中では、形の面白い石が区切られた空間にさまざまの変化をつけていて、じっと見ているうちそこに微妙な波動を生じる。

とは言うものの、見物も一種の苦行に近い。寒気は冷え切った縁の上の足腰をしびれさせるし、吹きつける風は顔の筋肉を凍らせる。しかしこの、借景さえもない雪の庭は、およそ庭というものの極北を示していたようである。これほど閑素高雅な空間は人間業では作れないだろう。それはたまたま自然が作り出してくれた偶然の産物で、もう少し雪が深ければ石の形を見分けることが出来ず、雪が溶けていればちぐはぐで調和が取れないにきまっている。こういうところに行き逢うというのが、一期一会である。

*

またこういうこともあった。或る年の暮も押しつまった一日、若い友人と共に奈良ホテルに泊ることにきめて神戸から奈良に廻り、博物館で愚図愚図したあとで法隆寺に詣でたから、冬の日は早くも落ち、人一人いない境内を後にする頃は満天の雲が茜色《あかねいろ》に燻《くゆ》って、五重の塔を赤々と染め上げた。私たちは振り返り振り返りしながらホテルに向ったが、こういう凄絶とも言える真冬の法隆寺の遠景には、それまでに私の抱いていたイメージを除き去って、この寺を永遠の中に位置せしめる力があった。

私がしげしげと奈良へ行ったのは戦争中で、戦後ほど修学旅行の生徒たちや団体客で混雑するということはなかったが、それでも白日のもと境内に人のいなかったためしはない。

私は万葉集に凝っていて一冊の岩波文庫をいつもポケットに忍ばせ、埃っぽい西の京をてくてく歩きながら「大和の春」という、題名だけが先にきまっている一冊の詩集を（三好達治ふうの四行詩集であることを意図しながら）書こうと目論んでいた。戦争の央《なか》ばで、いつ召集が来るかもしれぬ不安はありながら、馬酔木《あしび》の茂っている春、萩の花のこぼれる秋の古寺巡礼は、不思議に心のなごむものがあった。しかし私の詩集はその中の唯の一篇も書かれることがなかった。大和にいる間の、万葉人の昔に自分も生きているような心の落ちつきが、騒がしい東京に戻るとすぐにも消え失せてしまったためだろうか。或《あるい》は憂愁に鎖《とざ》されていた心が、明るい大和路の寺を巡って古い仏たちに見参するうちに晴々として、詩を書くなどということがどうでもよくなったためだろうか。法隆寺や薬師寺や興福寺や唐招提寺など、その名前の響きさえも懐しいのは、それらの寺を初めて見た頃の、私の青春とも密接に結びついているからであろう。これらの寺は歴史という一つの風景の中で永遠を刻んでいる。時間はそこでは停止している。それは仏たちの思惟が、その微笑が、その慈悲が、永遠の中で停止しているからである。寺の建物は歴史の中にあって頽《くず》れやすく移ろいやすいが、仏たちは不壊《ふえ》であるとその頃私は信じていた。

私が冬の荘厳な夕陽に照し出された法隆寺の金堂や五重の塔を見ながら感じたものは、

これらの建物もまた永遠だということである。戦災に遭うことがなかったという意味ではない。火災による災害はいつ起るかもしれず、木造建築は常にその危険を孕んでいる。にも拘らずこれらの建築は、いや多くの伽藍をちりばめた広い境内は、そこが永遠を具現化した別天地であることを示している。金堂は焼けることもあるだろうし、塔は頽れることもあるだろう。しかしそれらの建築は現世に於ける仮象にすぎず、そこに含まれている精神的な力、或は宗教的な力は、常に永遠を目指していて火にも風にも損《そこな》われることはない。

それはまたこういうことにもなるだろう。寺を見るのに他に見物人がいないに越したことはないと私は繰返したが、見る方の眼が寺の本質を見抜くならば、うろうろしている団体客が眼に入る筈はない。また耳が子供たちの喧騒を聞く筈がない。彼は別天地にいるので観光地にいるのではない。その本質とは寺の持つ精神的な力である。その力に感応する限り、恰も仏像が「見る」ものでなく「拝む」ものであるように、寺も、「見る」ものから「詣でる」ものとなるだろう。

＊

こういうことを言ったからとて、私が仏教を信じてのことではない。我が国の仏教徒は基督教を貶《さげす》み、基督教徒は仏教を蔑《ないがし》ろにする。しかし大部分の人はその何れをも信じないから、宗教というものに対して殆ど無関心である。それは冠婚葬祭にかかわる風習としてあるばかりで、魂の拠りどころとして求められているようではない。多くの日本人は或る種の宗教的な心情を持ち、魂の平安を切に望んでいるに違いないが、遺憾ながら彼等の魂を慰めるだけの現実の宗教が見当らないということではないだろうか。

日本人は寺が好きだ。京都や奈良にあれだけ多くの見物客が行くのは、何も皆が皆寺にばかり行くわけではないとしても、その行程の中に寺が入らないことはないだろう。その場合の寺というのは、第一は歴史という風景の中にある寺であり、第二は自然という風景の中にある寺である。見物人の宗旨が何であろうとそれは関係がない。

歴史という風景の中にある寺は、殆どの寺がそれに属するだろうが、特に奈良や大和にあるすべての古寺は、その歴史的な雰囲気を除外しては考えられない。それは宗教的感情というよりは、喪《うしな》われた故郷への憧憬であり、喪われた時間への情緒であって、それらの寺の中では天平白鳳の時間が停止しているのである。そしてすべて永遠を象徴するものは宗教的である。

しかしもう一つの、自然という風景の中にある寺の方が、より一層日本人の好みに合っているのかもしれない。それは自然という風景の「中にある」と共に、自然という風景を「中に持つ」寺でもある。簡単に言えば「庭」を持つ。京都の市中には私が先に述べた南禅寺大方丈をはじめ、天龍寺にしても、龍安寺にしても、西芳寺にしても、大徳寺にしても、金閣銀閣にしても、また円通寺にしても、みな庭によって名を知られ、その何れもが禅宗に属する。その他にも庭によって見物人を集める寺は洛中洛外に数多くある。その場合に、一般の見物人は美術史の研究や作庭の勉強に由緒ある庭を見に行くのではない。彼等の目的は寺にあるので、庭は寺の附属物にすぎない。そして寺を見るということは、その寺の中にあって現実の時間を離れた別天地を、言い換えれば永遠を、垣間見るということではないだろうか。

禅僧たちにとって、寺院は修行の場であり、俗界と隔絶した一区域を作っていた。その中に庭を作るということは、貴族や茶人が作るのとは違った意味があったに違いない。私は何もここで庭園史を略述するつもりはないが、十一世紀の半ばに藤原頼通が宇治の別業を寺に改築した時に、阿弥陀堂とそれを取り巻く阿字池とは極楽浄土を象徴するものに他ならなかった。足利義満の北山殿（金閣）にしても、足利義政の東山殿（銀閣）にしても、建築物そのものと庭園（池を含む）とが構成したのは来世の具現としての浄土である。その後に中国から神仙説が輸入されて、庭園の池の中に神仙島を作り松を植える方式が流行するが、これまた理想の別天地を見せようとするものに他ならなかった。

禅寺の庭が意図したものも、浄土世界の表現であることに変りはない。ただそれ以前の庭が具体的写実的に、一種のミニアチュアとして、浄土を描写しようとしたのに対し、禅寺の場合には「枯山水」というまったく新しい形式が導入された。池もなく、島もない。いや、あることはあるがただ象徴というにすぎない。それは自然というものをその原素である精神に還元させ、時間というものをその源である無に還元させたものである。そこでは風景は、一つの内的風景である。

従って禅寺に於《お》いて、庭は美的対象であると共に精神の、思惟の、対象でもあった。浄土宗の庭のように未来の理想境をあらかじめ用意するというよりは、現世の中に垣間見られた永遠であり、集注された精神の夢幻境であった。京都の禅寺は、たとい繁華な市内に近接して建っている場合にも、豊かな自然に取り囲まれ、一歩その門に入れば中にはエッセンスだけから成る別の自然が、庭として存在するという仕組である。

私たち日本人は自然を好む。従ってまた自然の風景の中にあって一つの精神的なものを象徴する寺を、その中に含まれる庭と共に、しげしげ見たくなるのは当然のことである。

私たちは浄土に生れ変るなどと思いはしないが、寺を訪れている間には、或る永遠の息吹が私たちの魂に吹きつけて来るのを感じる。私たちはそのような静けさを愛するのである。

（昭和五十二年九月、信濃追分にて）

死と信仰

吉田満

吉田満〔よしだ　みつる〕

大正十二年（一九二三年）—昭和五十四年（一九七九年）

小説家。戦艦大和に乗艦、その最期に遭い生還した凄絶な経験を描いた『戦艦大和ノ最期』は、戦争文学を代表する作品となる。日本銀行に勤務する傍ら、戦争体験を書き続ける。他の著に『臼淵大尉の場合』など。

●本作は昭和三十七年（一九六二年）に発表された。

入信の動機というものは、複雑で微妙だから、これを正確にとらえることはむつかしい。しかしそのなかから、もっとも直接な顕著な動機をえらび出すことは、出来ないことではない。私の場合は、死の体験が、それだったといえる。

死の恐怖が、人を神に近づけるのは、ごく普通のことにちがいない。誰しも自分の死を迎えるまでに、無数の他人の死を眺めなければならない。そうした生命のもろさが、人生の無常感をさそい、そこから、絶対に頼れるものとして神を求めるのも、自然である。

ただ私の場合は、戦場での、特攻兵としての出撃という、具体的な体験であった。また、二十三歳という絶好の時機の、痛切な自己反省であった。

特攻兵の死というものは、やや特殊な死である。私は、帰りの燃料を持たない軍艦に乗せられて、敵地に突入した。目的地まで行きついたとしても、ただ敵と刺しちがえるだけで、作戦の成功は完璧な死を意味し、作戦がもし中途で挫折するときは、もちろん同様死を予期するほかなかった。死はいかにしてものがれられぬ運命であり、その時間もかなり正確に推定できる状態であった。つまり自分の死というものが、物理的な精密さで規定されている——これはある意味で、死の本質に反することである。死は、かならず来ることは疑えないが、いつ来るかは不明なもので、そこに本領がある。だから器械的に用意された死は、その意味で死ではない。肉体の破壊ではあるけれども、人間の死とはいえない。

　こうした死は、一般の死にくらべて、いっそう困難のように思われがちであるが、実はその逆である。死が人を苦しめるのは、その苦痛のためではなく、死後の世界の底知れぬ不安のためにちがいない。予約された死には、この不安を底の浅いものとする、何か不自然な人工的な枠がある。死はいかにささやかなものでも、のっぴきならぬ実存性をひめているが、特攻兵に強要される画一的な死には、むしろ実験室の匂いがして、生命の燃焼が希薄である。

　このような死を目前にして、人はいかにふるまうか。死は一般に、人からその美しさも醜さも、高さも低さも、根こそぎひき出すが、この実験的な死では、それがいっそう露骨で陰惨である。修練を積んだ人は、準備された確かさで、危なげなく死に立ち向かってゆく。一方すさんだ空しい心は、一見勇敢と見まごう粗暴な冷酷さをよそおって、極度の空虚におちこむ。この場合、死が目に見える明るさの中にあるために、いわゆる〝天晴れな覚悟〟の虚飾をまとえるということが、かえって死の脅威を、寒々としたものにする。いかに醜い死も、瞼がとじる時厳粛さを漂わすが、蛮勇に欺かれた死にはそれすらない。

私は出撃の命を受けてから、自分を見失ってしまった。死の時ほど、自分を赤裸々にみつめられる時はないはずだが、このときほど、自分を喪失したことはない。掌中にある己れの死を正視するに堪えず、自分全体を見失ってしまおうと焦っていた。何ものをも見ないことによって、不安をまぎらわそうとしていた。自分と直面することが何よりも怖ろしかった。そして私の感情は、自分だけは必ず生還すると、はかない盲信にすがっていた。

だが私は、はからずも生還した。作戦の変更という、不測の事態が起こった。私の肉は、たまたま生きてかえった。しかし心はたしかに死んでいた。自分を全く見失った心は、もはや心ではない。

体験は、だが結局それだけのものでしかない。一つの体験が真に血肉となるには、さらにそれが他の体験によって超えられることを要する。終戦が来て、平和が訪れ、身辺が平静にかえるに従い、私は自分に欠けていたものを、漠然と感じはじめた。死に臨んでの、謙虚強靭な勇気とか、透徹した死生観とかが、欠けていたのではない。静かに緊張した、謙虚に充実した、日常生活が欠けていたのである。死と面接したとき、そこにあるのは死の困難ではなくて、ささやかな自己である。そこで役立つのは、死相にこわばった自己ではなくて、柔軟ななだらかな自分である。ただあるがままの、平凡な自分である。

私は、あの器械的な動物的な死が奪われて、なごやかな、明々白々とした日常しか残されていないことに、愕然とした。すべてが、克明に、淡々といとなまれてゆく、つねに自己をみつめ、一日の生に悔いなきを期し、一瞬一瞬に自分を超えること、それのみが、死に備える途と思われた。したがって、生を全うする途でもあった。

やがて、私が入信のめぐみを得たことは、自然というべきであろうか。

一つの安らぎ

里見弴

里見弴〔さとみ　とん〕

明治二十一年（一八八八年）—昭和五十八年（一九八三年）

小説家。同じく小説家の有島武郎、画家の有島生馬は実兄。二人の兄と共に同人誌「白樺」創刊に参加。人間観察と洒脱な会話に優れ、人間のありのままの姿である「素人間」を肯定し「まごころ哲学」を唱えた。代表作に『多情仏心』『安城家の兄弟』『極楽とんぼ』など。

●本作は昭和四十三年（一九六八年）に発表された。

親しくした人たちがどんどん死んで行く。年々歳々それが頻繁になるのは、こちらが人並よりいくぶん永く生き残っている報いとして甘受しなければならぬ自然の理《ことわり》ゆえ、ウンもスンもないわけ。とはいえ、「死」という、この上なく厳粛な事実でも、永年に亙り、夥《おびただ》しい数に直面するうちには、馴れッこになる、というか、麻痺してしまう、というか、あのズシンと重い胸への響きにいくらかずつの緩みがついて来る……。ましてや、他家《よそ》のはもとより、わが家の子孫であろうと、誕生を知らされての喜びなどは、正直なところ、もはやゼロにちかい。こういう、老耄と同義語の不感症を、さも、生死の一大事を超越したかのように勘違いはしないにしても、しかし時折、われながら「非人情」になったものだ、と思うことはある。生を祝《ことほ》ぎ、死を悼《いた》むのは、古今東西を通じての「人情」なのだから。……「非」か「不」か。「不」は感心しないが、「非」なら仕方なかろう、といった風な、一種怠慢な考え方だけれど……。

そんなつまらぬ詮索はさて措《お》き、実際問題として、ここ数年来の、親しくした人たちの死に方と来たら、「ちっと遠慮したらどうだ」とボヤキたくなるくらいだ。「それは、お前が、あんまり大勢の人たちと仲よくした報いで、自業自得じゃないか」といわれて、「あ あなるほどそうか」……まさかそれほどでもないし、第一、相手は死神だ、遠慮などさせてくれるものか。

概して云って、親しい者の死に際会する場合も稀な筈の、少・青年時代、まともに、すなおに、胸いっぱいに受け止める「死」の痛撃、……「死」の周囲には、不思議にすなおな空気が立ちこめるものだが、……あの、再び起ちなおれまい、と思うほどの、あの、文字どおりのデッド・ボールをこの年齢《とし》になるまで、満身に浴びとおしに、生きて来られるものかどうか。万が一にもそうであったとしたら、私は超人だ。万年でも横綱が張りとおせる。

そうかといって、死んだ人の死によって、こちらの心身に受ける傷害で寿命を縮められてたまるか、というような、打算的な顧慮から、なるべく控え目に悲しんで置こうなどと、そんな器用なまねは、いかに世智辛くなった今の世の中でも、ちょっとやり手があるまい。どだい意識にのぼらず、なおさら、そういう思議は用いないでも、あらゆる生物に共通の、みずから衛《まも》る本能の然《しか》らしむる所で、是非の範囲外だ。誰でもが大威張りで「別に工夫なし」と断言できる場合だ。

ついこの数日来、広津和郎君、野田高梧君と続けさまに急逝の報を受けた。時間に縛られることのない、たまにあればなんとかかんとかそれをひッぱずしてしまう、早くいえば「怠け者」で「閑人《ひまじん》」の私、ズシンと重い胸への響きも、まるで名鐘の余韻の如く、清らかに、静けく、遠く、遙けく薄れて行くに任せて、いつまでも黙っていられる。

親しくした歳月の長い短いなどには関係なく、あの日のこと、あの時のこと、……私の性分のせいか、必ず具象的に、……その場その場の光景で眼前に髣髴として来る。しかもどれ一つとして楽しく愉快な想い出でないものはない。告別式の祭壇の前で読まれる弔詞の多くがそうであるような、故人の業績とか、人と成りの美点とか、そういう抽象的な面《めん》は少しも浮んで来ない。そのうち、「ズシンと重い胸への響き」など、あとかたもなく消え失せてしまい、例えば、広津君の、まぬけな自分の失敗を、まるでひとごとのようにくッくと可笑しがる、あの酸ッぱいような笑い顔とか、野田君の、自己流踊りで、ここぞとばかり片足で立って見せるつもりが、ひょろけかかったりする様子とか、その他等々が、瞑《まじろ》がない目の前の絵となって現れたとすれば、ニヤニヤと、私の頬の肉はうごめきだすだろう。そこを糞真面目な男が見たら、「なんだ、友達の死を楽しんでいやアがる。怪《け》しからん奴だ」と怒号するかも知れず、歯に衣をきせぬ女だったら、「いやアねえ、いい年齢をして、思い出し笑いなんかして。みっともないわよ」と冷笑を浴せることだろう。

こんな風に、死んで行った人たちとのつきあいで、楽しかったこと、嬉しかったことなど、特に選ぶのでもなんでもなく、おのずとそういうのばかりが思い出されるというのも、前にいった自衛本能の作用に違いない。若い頃だったら、厳粛な「死」を冒瀆するものだ、とか、友情を裏切る軽佻だ、とか、そんな反省、自責に苛《さいな》まれたかも知れないが、いつかそういうものとは、きれいさっぱりと手が切れていた。

この安らぎ、……ありがたいことである。

死について

『薄明のなかの思想』より

埴谷雄高

埴谷雄高〔はにや　ゆたか〕

明治四十三年（一九一〇年）―平成九年（一九九七年）

小説家、評論家。カントやドストエフスキーに影響を受け確立した独自の思考による作品は、戦後の世代に多大な影響を与えた。哲学的命題をはらんだ類例のない小説『死霊』は未完に終わった。他の代表作に『不合理ゆえに吾信ず』『闇のなかの黒い馬』など。

●本作は昭和五十三年（一九七八年）に発表された。

「生」と「死」という対比を考えてみると、「生」は、どのようなかたちの生であれ、それを何処までも遠くさかのぼっていけば、ついに一つの単細胞に必ず達するわけで、私達が現在見知っているすべての生物がそこから出てきたとすると、この地上のすべての生物は、互いに兄弟であるということになりますね。つまり、「生」は一つの大きな共同性をもっていて、垂直に縦に辿ってゆけば次第に単純な家族を見出し、水平に横を眺めてみれば、もはや果ても見透し得ないほど巨大で複雑で多様な生の家族構成をもっている。ところで、このように垂直に、また、水平につながった全体としての「生」は、つねに、ただひとつの生として現われる「個体性」、或る限定された空間と時間のなかに現われる「局所性」、「歴史性」をもっていて、しかもその或る場所、或る時に現われた個体は或る期間だけしか生きつづけられない「有限性」をもっているのだから、全体の生の縦にも横にもつながった「連続性」に対して、個体の生はつねに「非連続性」をもっていて、それ自身だけで生は完結することになる。どうも甚《はなは》だもったいぶった話の出だしになって、ややこしい、難かしげな言葉を並べましたけれども、実は、この地上は多様な生のかたちに充ちみちているけれども、死んでしまえばそれっきり、そこで生の連鎖はぷつんと永劫に切れて、その先は暗い虚無のみが顎をあげて名状しがたい口をひらいている、ということになります。長い長い生の決定的な破棄と断絶ですね。

私達にとって確実なことは、「生れて、そして、死んだ」ということだけで、それ以外の生誕と死のあいだにあるすべてのことは、他からみては勿論のこと、その本人からみても不確実なことばかりですね。だいたい歴史は或るものの生誕から死のあいだに起ったさまざまな事柄を記述するのですけれども、それはただひたすら「外側から」見た幾つかの事態であって、何処までその生のもっていた真実に到達し得るかはつねに疑わしい。そこで文学が「内側から」その生のもっていた真実に自分だけは達しようと全力で試みて、その生の内容の近似値をどうにか提出するのですが、それがただに暗い欠落部をつねにもった近似値であって、それ以上のものについになり得ないことは、どんな緻密で正直で公正な自伝を書いた文学者も自ら認めるところでしょう。つまり、「生れて、そして、死んだ」あいだに横たわった絶えざる事実の連鎖のもつ真実は、ひたすらそこへ近づこうと努力されるところの何ものかというだけのものになって、それは、生の深い鉱脈の下で横へそれがちなドリルがそこへやがて近づいてくるのを危うい期待の気持で待ちつづけているというわけです。

私は、先に、私達にとって確実なことは、「生れて、そして、死んだ」ということだけだといいましたが、それにしても、生誕と死の時日がはっきり記入してある墓の前に立って、嘗《かつ》て在った或る個体の実在感に確かにうたれたとしても、それはなんと茫洋とした漠たる確実感であることでしょう。その確たる実在感は彼が死んでしまったから、ある、のですが、しかもまた、彼が死んでしまっているから、漠とした茫洋たるものに、ならざるを得ないのです。これは、死の確実性と、死による茫洋性の二律背反といえますね。

ところで、この死んでしまったものの茫洋性に頼って、殆んどすべての宗教や或る種の哲学は、確実な死を逆転させてそこから、不死、を引きだしてこようと懸命に努力したのですが、「生れて、そして、死んだ」というまぎれもない確実性の原則に沿ってそれをそのまま使いながら、それをその最高なかたちで見事に逆転させたのは、「処女から生れて、そして、死から復活した」キリストのかたちですね。私は、二千年の歴史のなかに堂々と定着してしまったこの大逆転のかたちを「崇高なインチキ」とこれまですでに幾度か呼んでいますが、それがたとえひとびとから疑われ、信ぜられていなくとも、ついに最後の帳《とばり》を上げられないでそのままいまもほうっておかれるのは、その「崇高なインチキ」がひとびとのひそかな暗い渇望のかたちとしていまなおのこっているからでしょう。逆言すれば、死、が、生の決定的な破棄と断絶、となることに、私達はまだまだもがきつづけているのです。つまり、死、それと顔をはっきり見あわせるのは、恐怖なのです。

ところで、私は、先程、生誕と死の時日が確然と記入してあるひとつの墓の前に立つと、或る個体の嘗《かつ》て在った実在感に確かにうたれるけれども、それはなんと茫洋とした漠たる確実感であることでしょう、と述べましたが、実際をいうと、茫洋とした漠たる確実感にうたれつづけているのは、生、の場合のほうがより多いといえるのです。むしろ、絶えず、そういうふうにうたれつづけているといっていいくらいですね。私達が街を歩いて多くのひとびとにすれちがい、電車のなかで顔を見あわせ、身体を押しあっているとき、生についてのまぎれもない確実感を自分のなかの或る場所で覚えつづけながら、その確実感はつねに茫洋とした漠たるもので、その生の共同性のなかのあまりに漠とした非共同性の最後の残像をやっと捉えるごとくに、ただひたすら、自己の確実感、といった一点のみにぼんやりと、しかも、無性にしがみついているのが私達の現在です。ところで、生の共同性のなかのあまりに漠とした非共同性は、自己の確実感、にしがみつけばしがみつくほど、なお無自覚につづけられることになるというのが、困ったことに、私達の運命です。

私は、私達人間ほど、他の生物をやたらにとって食い、そして、娯楽のためだけにも殺す地上最兇悪の生物はいないと繰返し述べてきていますが、私達がその自身の兇悪ぶりに無自覚なのは、ほんとにおそれいりました、人間様、とでもいうより仕方もないものですね。街を歩いていて多くのひとびとにすれちがい、電車のなかで顔を見あわせ、身体をおしあうときの漠たる生の共同性のなかの漠たる非共同性どころか、他の生物を食べているときの人間の「自己確実感」は、食べられている生物の存在としての「不確実感」にまったく相応しているのですね。そこには、生の共同性のなかの存在としての野原の牛ではなく一枚のうまい牛肉があり、海を泳いでいる紡錘形の鮪《まぐろ》ではなく一片のさしみがあるのであって、もし童話のなかの真実を映す鏡があって、食事をしている私達の姿をその鏡のなかに映したら、これまでの悪魔の想像図にもまったくでてこなかった最兇悪の怪物が他の生物をむしゃむしゃ食べている死の饗宴が映しだされることでしょうね。その私達の怖ろしい無自覚のなかにすでに古くインドにおける自覚の部分が投げこまれているのが僅かの救いですが、さて、他の生物の死の上に立っている私達の無自覚は、自分の死における自覚、つまり、死の恐怖によって、やっと双方釣り合うことになるのですね。換言すれば、死の恐怖をもつことによって、他のあらゆる生物殺しの罪に対する罰は私達はようやく受けている、ということになるのでしょう。

ところが、この恐怖と自覚をもたらす死は、私達にとって最上の反省の場所になったと同時に、これまた困ったことに、最上の利用の材料にもなったのですね。死刑から戦争にいたるまでの広い幅のなかの死は、ときの支配者にとっても、また、反逆者にとっても、最大の武器になって、有史以来、私達の歴史の最大の内容はただひたすら「死」といえるほどになってしまった。換言すれば、私達は私達の生の歴史の記録がはじまって以来、絶えず死を使いつづけ、そしてまた、死に使われつづけてきたといえるのですね。私達の歴史には絶えず死がある。死は私達の歴史の舞台において出ずっぱりの主役をつづけてきたのですね。従って、「政治について」の項目でも、死ははじめからおわりまで私達のすぐ眼前に坐りつづける大きな主題として扱われざるを得なかったのでした。

ところで、死刑から戦争にいたるまでの広い幅のなかの死は、勿論、私達のきびしい反省を要求したけれども、その「外側の他人の死」と異なって、「自分自身の死」となると、いってみれば、反省以上ののっぴきならぬ反省として私達にのしかかったのですね。生物殺しの私達が、生物殺しの代償として、死の恐怖をもたされたと私は先程述べ、また、

「生れて、そして、死んだ」という確実な絶対性をなんとか少しでも緩和しようとした最高の「崇高なインチキ」として死からの復活を生の歴史のなかに定着してしまったと述べましたけれども、しかし、死は、私達個体の死だけにとどまるものではないことが次第にはっきりしてきたのですね。つまり、人類は自分の父母の、自分の友人達の葬式をしてきただけではおわらず、つまり、或る一定の条件、熱、大気、水、という狭い幅のなかでのみ生を保ち得てきたところのこのまぎれもない自分の死、他人の死からはじまる死の系列は、さらに、その生の条件を拡大して、人類の死、生物の死、地球の死、銀河宇宙の死、にまでいたることになってしまった。そして、この全的死にまでついに到達することによって、私達はこれまで思いも及ばなかった全的な価値転換をいまついにうながされているのですね。それは、数十億年、自然淘汰によって馴致化され、だまされつづけてきた私達の「人間」という枠を、決定的に自己自身による自己自身の設定へ向って置きかえるべき瞬間がのっぴきならずやってきたといえますね。母親の胎内で十箇月馴致化されてきた胎児が、生れた瞬間、われあり、と叫んだこともこれまで嘗《かつ》てあるそうですから、そのまったく新しい全的な価値転換に目もそむけず、いわば、その宇宙全体の全的死こそを自己自身による自己自身の設定の出発の場としてとらえ直さねばならない。

ところで、私達個体の死、つまり、「自分の死」は他の領域における不死、或いは、復活として価値転換されてきたのが、これまでの宗教の単一方式だったのですが、いま述べたように、ただに自分自身の個的死だけではなく、あらゆる「もの」の全的死が全生物のみならず全存在の全的運命であり、また、それ故にこそ、全的転換の唯一最後の契機であるとすると、もはや決定的に、全的価値転換をすっかり放棄してしまうか、それとも、敢えていってみれば、存在論的価値転換をやみくもどうしてでも無理に無理をかさねておこないきってしまうか、の二つに一つになるのでしょう。そしていま、私達はその二者択一に直面している。そして——その二者択一ののっぴきならぬ内面に向って勇敢な、或いは、無謀な測鉛を僅かながらもすでにたらしているのは十九世紀以来の文学ですけれども、勿論、いまだに決着はついていない。果たして死、或いは、不死の人間的、存在論的超克について深い測鉛をたれるのが科学を先取りする文学によってなされ得るのか、それとも、新しい「超科学」によってなされるのか、いまのところ予測などできないけれども、いままでのような個的解決ではなくまったく飛躍的な新しい全的解決による価値転換でなければならないことだけは明らかですね。

私達が死についての古い迷妄から脱してさらにまた新しい迷妄へはいりこむのか、それとも思いもよらぬ全的飛躍をついに果たし得るのか、それが宗教、哲学、芸術、科学へと辿りきたった私達の精神史のこれからの課題ですけれども、もしできれば、私達がいま持ち得る一冊の不思議な書物のなかで、あらかじめ全的死についての全的飛躍の不思議なかたちをまぎれもなくまざまざと啓示しておきたいものですね。それは、ほんとうに、現在の私達の最大の課題なんです。

身辺記

亡き義母の夢

志賀直哉

志賀直哉〔しが　なおや〕

明治十六年（一八八三年）—昭和四十六年（一九七一年）

小説家。白樺派を代表する小説家の一人。簡潔な文章による写実的な表現に基づく作品を書き「小説の神様」とも称えられた。代表作に『城の崎にて』『暗夜行路』『小僧の神様』など。

●本作は昭和十二年（一九三七年）に発表された。

夢を見た。何所かへ出かけるつもりで自動車屋へ電話をかけさせ——しかし何だか腹具合が変なので玄関のわきの便所へ入る。そのトタンに玄関の戸が開《あ》いて誰か入って来たので私は便所の戸の上部についている華鬘《けまん》型のすり硝子《ガラス》に顔をつけるようにして見ると、入って来たのは母だ——去年三月九日に亡くなった母で、私はこの母が生きているとも死んでいるとも判然たる判断をしていなかったようだ——その母が例のせかせかした調子で玄関の入口のネヂ釘をするらしく腰をまげ猫背の形で立っている。

私は私の家内を呼び、外出を少し延ばすから直ぐ自動車屋へ電話をかけ、断れと命じた。

「昨日帰って来たのだが頭痛がしたのでお薬をのんで早く寝てしまったのです」

母は此方《こっち》を向かずにこんな事をいった。母は湯河原あたりへ行っていたのだ——この頭痛云々は前日実際私が終日軽い頭痛に悩み、大阪から帰り早寝をした、それが母にそういう事をいわしたらしい。

私の弟が出て来た。母は非常に心に衝動を受けたらしくありありと興奮を現したが、出来るだけ何気なく一緒に奥へ入っていった。母と弟とは二年半ぶりで会ったのだ。

私は母の義理の子、弟は母の実子である。——前日家内と一番下の娘を連れて大阪の朝日会館で「マヅルカ」というメロドラマ的の活動写真を見て来た。それ故多少そういう所がないでもなかったが、矢張《やはり》夢にはより自然なところがあった。

弟は二年半の苦労で人が変った。母が衝動をうけている時にも至極落ちついたいい態度であると私は思った。

私は便所にいるのだ。腹具合が実際に変な時よく見る夢で、便所が不潔で出来ないで困る、そこに弟が来てこんな事をいう。

「木《き》ノ検《けん》や、まさ叔父さんのよく知ってらっしゃる博士なんだが……」その医者に母を一度よく診て貰ったらどうかと相談に来た。誰が診ても同じだと思ったが賛成した。そこで私は夢から覚めた。

弟はこの間一週間程奈良の私の家《うち》に来ていた。

生れて初めてといっていい位に弟に対し私は愛情を感じ、弟もそれを気持よく受け入れ、あとから喜んだ手紙をくれたりして、この実に望外な事はもし母がもう二三年丈夫でいて、もしそれを見たら如何に喜ぶかという事は私は繰返し繰返し考え、そして家内にもそれを云った。

そういう気持がこの夢を見さしたらしい。

私は弟の改心に、最後まで望みをかけていたところの母の精神が生きたのだという風に考え、その事を手紙で叔父や一番上の妹の所へもいってやったりした。

所が夢から覚めて私がどういう事を考えたかというと「霊魂の不滅という事はあり得ない」という事だ。私はまだ覚めきらぬ頭で切《しき》りにその事を考えている。即ち今見た夢というものが全く私の主観であって、客観的に母の霊魂などが現れたものではないという事を切りに考えているのだ。

霊魂不滅という事は生きている人間の死に対する本能的な恐怖から出た希望がそういう考の形をとったに過ぎないのだと思った。肉体的の滅亡は吾々の眼《ま》のあたりにこれを始終見ている、この事実には歯が立たない、せめて霊魂だけは永久に死なないと思いたい。こういう心の要求がそういう考を人に作った。

霊魂とは何かといえば、人間の生命のフィジカルでないもう一つのものだ。これは人間にかぎったものでなく、あらゆる動物にもあり、少くは植物にもあるかも知れない。そういうものが、何百万年何千万年の昔から、総て不滅で残るものならばそれは数《すう》に於《おい》て大変な数である。そんな事がこれから先も永久に続かれたら大変な事になる。その無数な霊魂を考えると宇宙の広さを考える時、如何にも頼りない心細い感じがすると同様の或る心細さを感じないわけには行かない。

私は霊魂が不滅であっては困ると思う。私の気持からいえば無数にそんなものが存在する事は実に煩《わずらわ》しさに堪えられない事であり、そして何の必要もない事だと思うのだ。嘗《かつ》てこの世に出た立派な精神というものは残って行く。しかしガラクタの霊魂などがそう無闇と溜って行く事は何の意味もなさぬ。

自分は立派な精神だけが残るのだと思う。そして立派なもの程永く残ると思っている。仏陀の精神の如きは恐らく不滅といってもいいかも知れない。

また、小にしては母の精神が吾々の間に働きをするという事も事実であるが、それを霊魂が存在すると考えるのは間違いだ。精神が残って働きをする事と霊魂が残って働くという事とは全く別のものだ。

精神が残るという意味は嘗《か》つて存在した人間中のチャンピヨンのそれだけが残るという意味の場合だけが意味があるのだ。しかもその大きいものは寿命が長く、小さなものは短命である。——私は覚めきらない頭でこんな事を考えている。

私は今考えていた事は自分が日頃からそう思っている事だと思ったが、起きて、一寸《ちょっと》書いて置こうと思った。夢に母が現れ、そして覚めると同時に反対に霊魂の存在を一生懸命否定していた事が面白いと思った。

食堂の電気をつけて時計を見ると三時半だった。

自分はこんな事を書き留める手帖をとりに二階の書斎へ行った。異《ちが》った棟でそれをつなぐ廊下を行くと十間《けん》余りある。暗い廊下を歩いて行くと二階のその部屋に母が坐っていそうな気が不図《ふと》した。一寸怖い気がし、そして直ぐ私は母がいたら、話込めばいいのだ。弟がよくなった事を話して安心させればいいと考えた。そして更に私はこれはまた滑稽極まる矛盾だと思った。

今の今、霊魂不滅否定を考え、それを書くつもりでペンと手帖をとりに来たのだ。その自分が幽霊を想像し、一寸恐怖し、居たら話込めばいいと考える。滑稽な矛盾だと思った。

二階に行き書斎の電気をつける。そして一番先に私の眼に入ったのは母の幽霊ではなく、十二号の油絵の亡父の肖像だった。私はペンと手帖を持ってまた自分の寝床へ帰って来た。

（七月五日未明）

硝子戸の中（抄）

夏目漱石

夏目漱石〔なつめ　そうせき〕

慶応三年（一八六七年）―大正五年（一九一六年）

小説家、英文学者。数々の名作で広く知られる明治時代の文豪。イギリス留学後、大学で教鞭を取る。独創的作品『吾輩は猫である』の成功を受け作家を志し作品を次々と発表した。俳句・漢詩・書画も残している。他の代表作に『坊っちゃん』『それから』『彼岸過迄』など。

●本作は大正四年（一九一五年）に発表された。

不愉快に充ちた人生をとぼとぼ辿りつつある私《わたくし》は、自分の何時か一度到着しなければならない死という境地に就《つ》いて常に考えている。そうしてその死というものを生よりは楽なものだとばかり信じている。ある時はそれを人間として達し得る最上至高の状態だと思う事もある。

「死は生よりも尊《たっ》とい」

斯《こ》ういう言葉が近頃では絶えず私の胸を往来するようになった。

しかし現在の私は今まのあたりに生きている。私の父母、私の祖父母、私の曾祖父母、それから順次に溯ぼって、百年、二百年、乃至千年万年の間に馴致された習慣を、私一代で解脱する事が出来ないので、私は依然としてこの生に執着しているのである。

だから私の他《ひと》に与える助言《じょごん》は何《ど》うしてもこの生の許す範囲内に於《おい》てしなければ済まない様に思う。何ういう風に生きて行くかという狭い区域のなかでばかり、私は人類の一人として他の人類の一人に向わなければならないと思う。既に生の中に活動する自分を認め、またその生の中に呼吸する他人を認める以上は、互《たがい》の根本義は如何に苦しくても如何に醜くてもこの生の上に置かれたものと解釈するのが当り前であるから。

「もし生きているのが苦痛なら死んだら好《い》いでしょう」

斯《こ》うした言葉は、どんなに情《なさけ》なく世を観ずる人の口からも聞き得ないだろう。医者などは安らかな眠《ねむり》に赴むこうとする病人に、わざと注射の針を立てて、患者の苦痛を一刻でも延ばす工夫を凝らしている。こんな拷問に近い所作が、人間の徳義として許されているのを見ても、如何に根強く我々が生の一字に執着しているかが解る。私はついにその人に死をすすめる事が出来なかった。

その人はとても回復の見込みのつかない程深く自分の胸を傷《きずつ》けられていた。同時にその傷が普通の人の経験にないような美くしい思い出の種となってその人の面《おもて》を輝かしていた。

彼女はその美くしいものを宝石の如く大事に永久彼女の胸の奥に抱き締めていたがった。不幸にして、その美くしいものは取も直さず彼女を死以上に苦しめる手傷その物であった。二つの物は紙の裏表の如く到底引き離せないのである。

私は彼女に向って、凡てを癒す「時」の流れに従って下れと云った。彼女はもしそうしたらこの大切な記憶が次第に剥げて行くだろうと嘆いた。

公平な「時」は大事な宝物を彼女の手から奪う代りに、その傷口も次第に療治して呉れるのである。烈しい生の歓喜を夢のように暈《ぼか》してしまうと同時に、今の歓喜に伴なう生々しい苦痛も取り除《の》ける手段を怠たらないのである。

私は深い恋愛に根ざしている熱烈な記憶を取り上げても、彼女の創口《きずぐち》から滴る血潮を「時」に拭《ぬぐ》わしめようとした。いくら平凡でも生きて行く方が死ぬよりも私から見た彼女には適当だったからである。

斯《か》くして常に生よりも死を尊《たっと》いと信じている私の希望と助言は、遂にこの不愉快に充ちた生というものを超越する事が出来なかった。しかも私にはそれが実行上に於《おけ》る自分を、凡庸な自然主義者として証拠立てたように見えてならなかった。私は今でも半信半疑の眼で凝《じっ》と自分の心を眺めている。

死後

正岡子規

正岡子規〔まさおか　しき〕

慶応三年（一八六七年）―明治三十五年（一九〇二年）

俳人、歌人。俳句雑誌「ホトトギス」の編集、短歌の革新を目指した「歌よみに与ふる書」の発表など、俳句、短歌における革新を押し進めただけでなく、多方面に渡り明治時代の文学に影響をもたらした。他の著に句集『寒山落木』、随筆『墨汁一滴』など。

●本作は明治三十四年（一九〇一年）に発表された。

人間は皆一度ずつ死ぬるのであるという事は、人間皆知って居るわけであるが、それを強く感ずる人とそれ程感じない人とがあるようだ。或《ある》人はまだ年も若いのに頻《しき》りに死という事を気にして、今夜これから眠ったらばあしたの朝は此儘《このまま》死んで居るのではあるまいかなどと心配して夜も眠らないのがある。そうかと思うと、死という事に就《つい》て全く平気な人もある。君も一度は死ぬるのだよ、などとおどかしても耳にも聞えない振りでいる。要するに健康な人は死などという事を考える必要も無く、また暇も無いので、唯夢中になって稼ぐとか遊ぶとかしているのであろう。

余《よ》の如き長病人《ながびょうにん》は死という事を考えだす様な機会にも度々出会い、またそういう事を考えるに適当した暇があるので、それ等の為に死という事は丁寧反覆に研究せられておる。しかし死を感ずるには二様の感じ様がある。一は主観的の感じで、一は客観的の感じである。そんな言葉ではよくわかるまいが、死を主観的に感じるというのは、自分が今死ぬる様に感じるので、甚《はなは》だ恐ろしい感じである。動悸が躍《おど》って精神が不安を感じて非常に煩悶《はんもん》するのである。これは病人が病気に故障がある毎によく起すやつでこれ位不愉快なものは無い。客観的に自己の死を感じるというのは変な言葉であるが、自己の形体が死んでも自己の考《かんがえ》は生き残っていて、その考が自己の形体の死を客観的に見ておるのである。主観的の方は普通の人によく起る感情であるが、客観的の方はその趣《おもむき》すら解せぬ人が多いのであろう。主観的の方は恐ろしい、苦しい、悲しい、瞬時も堪えられぬような厭《いや》な感じであるが、客観的の方はそれよりもよほど冷淡に自己の死という事を見るので、多少は悲しい果《は》敢《か》ない感もあるが、或時《あるとき》は寧ろ滑稽に落ちて独りほほえむような事もある。主観的の方は、病気が悪くなったとか、俄《にわか》に苦痛を感じて来たとか、いう時に起るので、客観的の方は、長病《ながわずらい》の人が少し不愉快を感じた時などに起る。

去年の夏の頃であったが、或時余《よ》は客観的に自己の死という事を観察した事があった。まず第一に自分が死ぬるというとそれを棺《ひつぎ》に入れねばなるまい、死人を棺に入れる所は子供の内から度々見ておるがいかにも窮屈そうなもので厭な感じである。窮屈なというのは狭い棺に死体を入れるばかりでなく、その死体をゆるがぬように何かでつめるのが厭なのである。余が故郷《ふるさと》などにてはこのつめ物におが屑を用いる。半紙の嚢《ふくろ》を（縦に二つ折りにしたのと、横に二つ折りにしたのと）二通りに拵《こしら》えてそれにおが屑をつめ、その嚢の上には南無阿弥陀仏などと書く。これはつめ処《どころ》によって平たい嚢と長い嚢と各々《おのおの》必要がある。それで貌《かお》の処だけは幾らか斟酌《しんしゃく》して隙を多く拵えるにした所で、兎《と》に角《かく》頭も動かぬようにつめてしまう。つまり死体は土に葬らるる前にまずおが屑の嚢の中に葬らるるのである。十四五年前の事であるが、余は猿楽町の下宿にいた頃に同宿の友達が急病で死んでしまった。東京にはその男の親類というものが無いので、我々朋友が集まって葬ってやった事がある。その時にも棺をつめるのに何を用いるかと聞いて見たら、東京では普通に樒《しきみ》の葉なども用いるという事であった。それからそれを買うて来て例の通り紙の袋を拵えてつめて見た所がつめ物が足りなかった。其処で再び樒の葉を買うて来て、今度は嚢を拵えるのも面倒だというので、其儘で其処らの隙をつめて置いた。棺は寝棺《ねがん》であったが死人の頬の処に樒の葉が触っているなどというのは、いかにも気の毒に感じた。昔から斯《こ》ういう感じがあるので、余は自分を棺につめられる時にどうか窮屈にない様に、つめて貰いたいものだと、その事が頻《しき》りに気になってならぬ。西洋では花をつめるという事があるそうだが、これは我々の理想にかのうたような仕方で実によい感じがするのであるが、しかし花ではからだ触りが柔かなだけに、詰物にはならないような気がする。もっとも棺《かん》の幅を非常に狭くして死体は棺で動かぬようにして置けば花でつめるというのは日本のおが屑などと違ってほんの愛嬌に振撒《ふりま》いて置くのかも知れん。そうすればその棺《かん》は非常に窮屈な棺で、その窮屈な所が矢張り厭な感じがする。

スコットランドのバラッドにSweet William's Ghostというのがある。この歌は或《ある》女の処へ、その女の亭主の幽霊が出て来て、自分は遠方で死んだという事を知らすので、その二人の問答の内に次のような事がある。

"Is there any room at your head, Willie ?
Or any room at your feet ?
Or any room at your side, Willie,
Wherein that I may creep ?"

"There's nae room at my head, Margret,
There's nae room at my feet,
There's nae room at my side, Margret,
My coffin is made so meet."

その意は、女の方が、私はお前の所へ行き度《た》いが、お前の枕元か足元か、または傍らの方に、私がはいこむ程の隙があるかというて、問うた所が、男の方則《すなわ》ち幽霊が答えるには、わたしの枕元にも、足元にも、傍らにも少しも透間《すきま》がない、わたしの棺は、そんなにしっくりと出来て居る。というたのである。まさか比翼塚《ひよくづか》でも二つの死骸を一つの棺に入れるわけでもないから、そんな事はどうでもいいのであるが、しかしこの歌は痴情をよく現わしておると同時に、棺の窮屈なものであるという事も現わしておる。斯《こ》んな歌になって見ると、棺の窮屈なのも却《かえっ》て趣味がないではないが、しかし今自分の体が棺の中に這入《はい》っておると考えると、可成《かなり》窮屈にないようにして貰いたい感じがする。もっともこれは肺病患者であると、胸を圧せられるなども他の人よりは幾倍も窮屈な苦しい感じがするのであろう。

或時世界各国の風俗などの図を集めた本を見ていたら、その中に或国（国名は忘れたが、欧羅巴《ヨーロッパ》辺の大国ではなかった）の王の死骸が棺に入れてある図があった。その棺は普通よりも高い処に置いてあって、棺の頭の方は足の方よりも尚一層高くしてある。其処には燈火《ともしび》が半ば明るく半ば暗く照して居《お》って、周囲の装飾は美しそうに見える。王は棺の中に在って、顔は勿論、腹から足迄白い著物《きもの》が著《き》せてあるところがよく見える。王の眼は静かにふさいでいる。王は今天国に上っている夢を見ているらしい。この画《え》を見た時に余《よ》は一種の物凄い感じを起したと同時に、神聖なる高尚なる感じを起した。王の有様は少しも苦しそうに見えぬ。もし余《よ》も死なねばならぬならば、斯《こ》ういう工合《ぐあい》にしたら窮屈でなくすむであろうと思うた事がある。しかし幾ら斯んなにして見た所が棺《かん》の蓋を蔽《おお》うてコンコンと釘を打ってしまったら、それでおしまいである。棺の中で生きかえって手足を動かそうとした所で最早何の効力もない。其処で棺の中で生きかやった時に直ぐに棺から這い出られるという様な仕組みにしたいという考えも起る。

棺の窮屈なのは仕方が無いとした所で、その棺をどういう工合に葬られたのが一番自分の意に適《かな》っているかと尋ねて見るに、まず最も普通なのは土葬であるが、その土葬という事も余り感心した葬り方ではない。誰の棺でも土の穴の中へ落し込む時には極めていやな感じがするものである。況《ま》してその棺の中に自分の死骸が這入《はい》っておると考えると、何ともいえぬ厭な感じがする。寝棺《ねがん》の中に自分が仰向けになっておるとして考えて見給え、棺はゴリゴリゴリドンと下に落ちる。施主が一鍬《ひとくわ》入れたのであろう、土の塊りが一つ二つ自分の顔の上の所へ落ちて来たような音がする。そのあとはドタバタドタバタと土は自分の上に落ちて来る。またたく間に棺を埋《うず》めてしまう。そうして人夫共は埋めた上に土を高くしてその上を頻《しき》りに踏み固めている。もう生きかえってもだめだ。いくら声を出しても聞えるものではない。自分が斯んな土の下に葬られておると思うと窮屈とも何ともいいようがない。六尺《しゃく》の深さならまだしもであるが、友達が深切《しんせつ》にも九尺でなければならぬというので、九尺に掘って呉れたのはいい迷惑だ。九尺の土の重さを受けておるというのは甚《はなは》だ苦しいわけだからこの上に大きな石塔なんどを据えられては堪まらぬ、石塔は無しにしてくれとかねがね遺言して置いたが、石塔が無くては体裁が悪いなんていうので大きなやつか何かを据えられては実に堪まるものじゃない。

土葬はいかにも窮屈であるが、それでは火葬はどうかというと火葬は面白くない。火葬にも種類があるが、煉瓦の煙突の立っておるこの頃の火葬場という者は棺を入れる所に仕切りがあってその仕切りの中へ一つ宛《ずつ》棺を入れて夜になると皆を一緒に蒸焼きにしてしまうのじゃそうな。そんな処へ棺を入れられるのも厭だが、殊に蒸焼きにせられると思うと、堪まらぬわけじゃないか。手でも足でも片っぱしから焼いてしまうというなら痛くてももい切りがいいが蒸し焼きと来ては息のつまるような、苦しくても声の出せぬような変な厭な感じがある。その上に蒸し焼きなんというのは料理屋の料理みたようで甚だ俗極まっておる。火葬ならいっそ昔の穏坊《おんぼう》的火葬が風流で気が利いているであろう。とある山陰の杉の木立が立っておるような陰気な所でその木立をひかえて一つの焼き場がある。焼き場というても一寸《ちょっと》した石が立っておる位で別に何の仕掛けもない。唯薪《まき》が山のように積んである上へ棺《かん》を据えると穏坊は四方からその薪へ火をつける。勿論夜の事であるから、炎々《えんえん》と燃え上った火の光りが真黒な杉の半面を照して空には星が一つ二つ輝いておる。其処に居る人は附添人二人と穏坊が一人とばかりである。附添人の一人が穏坊に向《むかっ》て「穏坊屋さん、何だか凄い天気になって来たが雨は降りゃアしないだろうか」と問うと、穏坊はスパスパと吹かしていた煙管《きせる》を自分の腰かけている石で叩きながら「そうさねー、雨になるかも知れない」と平気な声で答えている。「今降り出されちゃア困ってしまう、どうしたらよかろう」と附添の一人が気遣わしげにいうと、穏坊は相変らず澄ました調子で「すぐ焼けてしまいまする」などといっておる。火に照らされている穏坊の顔は鬼かとも思うように赤く輝いている。こんな物凄い光景を想像して見ると何かの小説にあるような感じがしてやや興に乗って来るような次第である。しかしながら火がだんだんまわって来て棺は次第に焼けて来る。手や足や頭などに火が附いてボロボロと焼けて来るというと、痛い事も痛いであろうが脇から見て居《お》ってもあんまりいい心持《こころもち》はしない。おまけにその臭気と来たらたまった者じゃない。しかしその苦痛も臭気も一時の事として白骨になってしまうと最早サッパリしたものであるが、自分が無くなって白骨ばかりになったというのは甚《はなは》だ物足らぬ感じである。白骨も自分の物には違い無いが、白骨ばかりでは自分の感じにはならぬ。土葬は窮屈であるけれど自分の死骸は土の下にチャーンと完全に残って居る、火葬の様に白骨になってしまっては自分が無くなる様な感じがして甚だ面白くない。何も身体髪膚《しんたいはっぷ》これを父母に受くなどと堅くるしい理窟をいうのではないが、死んで後も体は完全にして置きたいような気がする。

土葬も火葬もいかぬとして、それでは水葬はどうかというと、この水というやつは余り好きなやつでない。第一余《よ》は泳ぎを知らぬのであるから水葬にせられた暁《あかつき》にはガブガブと水を飲みはしないかとまずそれが心配でならぬ。水は飲まぬとした所で体が海草の中にひっかかっていると、いろいろの魚が来て顔ともいわず胴ともいわずチクチクとつつきまわっては心持が悪くて仕方がない。何やら大きな者が来て片腕を喰い切って帰った時なども変な心持がするに違いない。章魚《たこ》や鮑《あわび》が吸いついた時にそれをもいでのけようと思うても自分には手が無いなどというのは実に心細いわけである。

土葬も火葬も水葬も皆いかぬとして、それならば今度は姥捨山《うばすてやま》見たような処へ捨てるとしてはどうであろうか。棺にも入れずに死骸ばかりを捨てるとなると、棺の窮屈という事は無くなるから其処は非常にいい様であるが、しかし寝巻の上に経帷子《きょうかたびら》位を著《き》て山上の吹き曝しに棄《す》てられては自分の様な皮膚の弱い者は、すぐに風邪を引いてしまうからいけない。それでチョイと思いついたのは、矢張寝棺《やはりねがん》に入れて、蓋はしないで、顔と体の全面だけはすっかり現わして置いて、絵で見た或《ある》国の王様のようにして棄てて貰うてはどうであろうか、それならば窮屈にもなく、寒くもないからその点はいいのであるが、それでも唯一つ困るのは狼である。水葬の時に魚につつかれるのはそれ程でもないが、ガシガシと狼に食われるのはいかにも痛そうで厭である。狼の食ったあとへ烏《からす》がやって来て臍《へそ》を嘴《くちばし》でつつくなども癪《しゃく》に障《さわ》った次第である。

どれもこれもいかぬとして今一つの方法はミイラになる事である。ミイラにも二種類あるが、エジプトのミイラというやつは死体の上を布で幾重にも巻き固めて、土か木のようにしてしまって、その上に目口鼻を彩色《さいしき》で派出《はで》に書くのである。その中には人がいるのには違いないが、表面から見てはどうしても大きな人形としか見えぬ。自分が人形になってしまうというのもあんまり面白くはないような感じがする。しかし火葬のように無くなってもしまわず、土葬や水葬のように窮屈な深い処へ沈められるでもなし、頭から著物《きもの》を沢山被っている位な積りになって人類学の参考室の壁にもたれているなども洒落《しゃれ》ているかもしれぬ。その外に今一種のミイラというのはよく山の中の洞穴の中などで発見するやつで、人間が坐ったままで堅くなって死んでおるやつである。こいつは棺にも入れず葬りもしないから誠に自由な感じがして甚《はなは》だ心持《こころもち》がよいわけであるが、しかし誰かに見つけられてこのミイラを風の吹く処へかつぎ出すと、直ぐに崩れてしまうという事である。折角ミイラになって見た所が、すぐに崩れてしもうてはまるで方《かた》なしのつまらぬ事になってしまう。万一形が崩れぬとした所で、浅草へ見世物に出されてお賽銭を貪《むさぼ》る資本とせられては誠に情け無い次第である。

死後の自己に於ける客観的の観察はそれからそれといろいろ考えて見ても、どうもこれなら工合のいいという死にようもないので、なろう事なら星にでもなって見たいと思うようになる。

去年の夏も過ぎて秋も半《なかば》を越した頃であったが或日非常な心細い感じがして何だか呼吸がせまるようで病牀《びょうしょう》で独り煩悶《はんもん》していた。この時は自己の死を主観的に感じたので、あまり遠からん内に自分は死ぬるであろうという念が寸時《すんじ》も頭を離れなかった。斯《こ》ういう時には誰か来客があればよいと待っていたけれど生憎誰も来ない。厭《いや》な一昼夜を過ごしてようよう翌朝になったが矢張前日の煩悶は少しも減じないので、考えれば考える程不愉快を増すばかりであった。然《しか》るにどういうはずみであったか、この主観的の感じがフイと客観的の感じに変ってしまった。自分はもう既に死んでいるので小さき早桶《はやおけ》の中に入れられておる。その早桶は二人の人夫にかかれ二人の友達に守られて細い野路《のみち》を北向いてスタスタと行っておる。その人等は皆脚袢《きゃはん》、草鞋《わらじ》の出立ちでもとより荷物なんどはすこしも持っていない。一面の田は稲の穂が少し黄ばんで畦《あぜ》の榛《はん》の木立には百舌鳥《もず》がせわしく啼《な》いておる。早桶は休みもしないでとうとう夜通しに歩いて翌日の昼頃にはとある村へ著《つ》いた。その村の外《はず》れに三つ四つ小さい墓の並んでいる所があってその傍《そば》に一坪許《ばか》りの空地があったのを買い求めて、棺桶はその辺に据えて置いて人夫は既に穴を掘っておる。その内に附添《つきそい》の一人は近辺の貧乏寺へ行《い》て和尚を連れて来る。やっと棺桶を埋《うず》めたが墓印《はかじるし》もないので手頃の石を一つ据えてしまうと、和尚は暫《しば》しの間回向《えこう》して呉れた。その辺には野生の小さい草花が沢山咲いていて、向うの方には曼珠沙華《まんじゅしゃげ》も真赤になっているのが見える。人通りもあまり無い極めて静かな痩村《やせむら》の光景である。附添の二人はその夜は寺へ泊らせて貰うて翌日も和尚と共にかたばかりの回向をした。和尚にも斎《ものいみ》をすすめその人等も精進料理を食うて田舎のお寺の座敷に坐っている所を想像して見ると、自分はその場に居ぬけれど何だかいい感じがする。そういう工《ぐ》合《あい》に葬られた自分も早桶の中であまり窮屈な感じもしない。斯《こ》ういう風に考えて来たので今迄の煩悶は痕《あと》もなく消えてしまうて、すがすがしいええ心持《こころもち》になってしもうた。

冬になって来てから痛みが増すとか呼吸が苦しいとかで時々は死を感ずるために不愉快な時間を送ることもある。しかし夏に比すると頭脳にしまりがあって精神がさわやかな時が多いので夏程に煩悶しないようになった。

仏教の新研究

岡本かの子

岡本かの子〔おかもと　かのこ〕

明治二十二年（一八八九年）—昭和十四年（一九三九年）

歌人、小説家、仏教研究家。画家の岡本太郎の母。与謝野晶子に師事し、「明星」や「スバル」に短歌を発表、その後小説家として『鶴は病みき』で文壇に登場した後、『母子叙情』『金魚撩乱』『老妓抄』などを精力的に発表した。結婚生活の悩みから夫婦で宗教遍歴をし、大乗仏教に救いを見出す。仏教に関する多数の随筆、仏教論を発表している。

●本作は昭和七年（一九三二年）にラジオ放送の講話で発表された。

一

仏教は古臭い宗教であるとまだ多くの人々に思われているようです。仏教といえば直ぐ年を老《と》った所謂《いわゆる》善男善女か、葬式の時の読経かを思い出し、浮世に用の無い閑僧までも聯想されがちです。こういう状態にあって、仏教の価値を説き、仏教を直ちに生活の要素としなければならないと云う意味を徹底させるのは実にむずかしい。否、実に辛いことです。何故ならば一人の婦人文学者として現代に書きもし生活して居る私が突然仏教などと云い出せば、すぐ時代を五六十年も百年も前に溯った年寄染みたお有難やの女の出現したようにさえ早合点されます。だが、こんな迷惑な誤解をうけ不快な犠牲を払いさえしてまでも、尚私が仏教を説こうとするところにまず何事か新しい発見を期待する前の――それがたとえ好奇心でもよろしいから――理由を認めて下すって兎《と》に角《かく》、私の言葉を聞いて欲しい。真理へつながる機縁はそこからも端緒を生むだろうと思いますから。

仏教は古いどころか常に新鮮である。生命の根柢を持たない新らしさは直きに萎《しぼ》んで、すたれて古くなるけれども、永遠の真理から出発した仏教の新らしさは、いつになっても滾々《こんこん》と尽きない、融通無碍《ゆうずうむげ》であります。ただこの地下水を噴上げた掘抜き井戸のような仏教に多くの人々が気づかないだけなのです。要するに仏教は無限を基礎とする智慧であり、科学であり、芸術なのであります。まず何故に仏教が人々に古臭いと考えなされて居るでしょうか。これを考えてみますと、これは仏教に旧《ふる》くなる方面と永遠に新らしい方面と二つあって、旧くなる方面ばかりを見るからそういう非難も出るのですが、永遠に新らしい方面を研究して見れば、いつの時代の人をも立派に感激させる真理を提供し、生命の糧になって呉れるのであります。

仏教に旧くなる方面というのは仏教の教化方法、すなわち、布教の手段であります。これは時代に応じ、時人の程度に合せて応用の形式を拵《こし》らえるのですから時代が進めば、その形式は旧いものとなって取残されます。

たとえば、教育の課程の様なものであります。小学校程度のものの為に小学校のやさしい平易な課程があります。もし、その生徒が歳が長けて知識の程度が進んだならばもう小学校の教育は要りますまい。この青年に取っては小学校教育の課程は旧いという事になるのであります。そして今度は中等学校教育の課程が新らしいものとなるのであります。

そのように二千余年前の印度《インド》の釈迦時代にはその時代に相応の教化の手段がありました。仏教が東漸《とうぜん》して支那に入ってはまた、支那の新らしい文化に相応する教化の手段が組織されました。それを移した日本の仏教も藤原時代に適応する教化の手段、かくて徳川幕府時代にはまた徳川時代の教化の方法があったのであります。

徳川幕府時代は封建鎖国の時代であります。人智を閉鎖し、ひたすら暗い太平の空気に浸らした時代であります。人間性が箱の中のもやしのようになって、自然性が脆弱に矯《た》められた時代であります。この時代の民衆を教化するには現実生活の慾望を薄くする因果律の支配を説いて、不幸をあきらめさせる事、未来に光明を望ましめる事、こういう教化の方法を立てて、民衆に慰めを与えなければ民衆を生命へ導けません。それで厭世思想のたっぷり入った仏教が活躍したのであります。

徳川時代にあっては、この教化の手段は時代に適したのですから民衆には親しみのある感銘を与え、充分精神生活の潤いともなりました。その証拠は近松の浄瑠璃です。

近松の戯曲の骨組になって居る義理と人情の柵《しがらみ》、すなわち、公の道義心と本能的感情とのせめぎ合い、その苦痛の原因は何から来るかという疑問になると、近松は仏教の因果律を持って参ります。

因果の道理今ここに

因縁ずくとあきらめて

こういう言葉が近松の作中随処に現れて参ります。そして、この仏教の法則を取入れた人生の解決法で民衆は成程と合点もし、教えもされたのであります。それから劇中の人物の死ぬ時は、中にも近松の作物の中心をなす心中ものなどで、男女が死ぬ時は必ず未来に光明を繋ぎ南無阿弥陀仏の名号を称《とな》え理想の彼岸へ急ぎます。これも仏教の当時の教化の方法である、厭世的浄土思想をその儘取入れて文学の美の構成分子の一つにしたのであります。

近松の戯曲のその時代に於ける文学的地位は対社会上、可成《かな》り新らしい魅力を持った謂《い》わば流行文学であります。しかもその中にこれ等の仏教も当時の民衆には真理性と感化力を持っていた証拠で、もしこれ等の思想が旧《ふる》い感じの思想であったら、あらゆる情緒化する技倆では、いかに偉大な筆力を備えた大近松でも、仏教を彼の作品に編み込む事に躊躇した事と思います。

それがどうでありましょう。もし、先頃の流行文学、たとえば、通俗小説の主人公で、断髪をした何子さんとやらの三角関係を、三世極まる因縁ずくで解決したり、念仏で自殺させたりしたら喜劇にもなりません。これは旧時代の宗教様式をもって来て、他の時代に継ぎ足すから起る不調和であります。

それならば現代の人間に向く仏教の新らしい形式は起らないかというと、只今はそれの研究の時代で、やがてはその達成時代が必ずあるのでしょう。ただ今はまだ研究室の中のものだと申上げ度《た》いのであります。

実際、仏教の新らしい信仰様式はまだ起らないが、仏教の新研究は盛んな勢で起って居ります。

仏教の原始経典が発掘されて経典の校合訂正が整って来るにつれ、研究が便利になった事も、昔の宗祖達の夢にも思い及ばなかった事であります。むかしは各宗の宗祖達は閲蔵《えつぞう》といって、何千巻の大蔵経を通読するのに一週間とか十日間とか、その庫のある寺に籠って勉強されました。これが宗派を開く前の一つの確信を持つ儀式的修業期間でありますが、その時代には大蔵経の在る寺は日本に幾つと定って居て無論貸出しは致しません。それでわざわざその寺へ籠って通読されたのです。それが今日では印刷本で頒布されるような時代です。

余談ですが、足利時代にこの大蔵経を支那から船で渡して寄越すのに屹度《きっと》猫をつけてよこしたそうです。つまり本が鼠の害を受けない用心だそうです。これによって見てもいかに大蔵経を貴重に扱ったかという事も判るし、また昔の人の正直な思い付きが窺えて面白いと思います。

以上のような訳で、文化的な研究方法で仏教の価値の再検討が行われていますし、やがては現代人の感覚にもっと応《ふさ》わしい衣裳をつけ、理解し易い滑らかな言葉で仏教が話しかける時代も来ると思いますが、それにしてもこういう風に時代々の人心に応じ、生命を閃かして行ける作用は仏教の中に人間性を拓《ひら》いて、生命の永遠性が取出せる恒久不変の鍵があるからです。

これからそれについて述べます。

仏教の人間を拓く鍵となるものはいつでも智慧です。世界の宗教で仏教ほど智慧を尊ぶ宗教はございません。智慧の基礎に信仰を立てます。

智慧と一口に申しますが、本当は智と慧の二つに分れます。智は普通常識判断の能力、物事の組織や性質を知り、またこれを使って生活して行く意旨分別、この程度のものを申します。慧とはもっと物事の深い根本に入ってそのものの存在する意義を探り、宇宙の万物に行き互って居る永遠性の約束、これに触れて行く力を指します。これはどっちが上等とか下等とかいう優劣はございません。両々相俟《あいま》って人間の生命生活の内外を完《まっと》うするのでございます。

チェッコスロヴァキヤの戯曲家にカール・チャペックと申す人がございます。その人の作品に『人造人間』というのがございます。人間の智が発達して人造人間を拵《こしら》えこれを使って仕事をさせる。ところがこの人造人間は働く能力はあるが愛の魂を吹き込んで無かった。そのためやがて彼等は団結して逆に拵え主の人間を迫害して来るという筋であります。この作にはその当時の時代相に対する一種の諷刺があるのですがそれはしばらく措《お》くとして、人間の智の方が発達したなら慥《たしか》にこの程度の人造人間は出来るだろうと存じます。つまり智の能力を備えた機械までは出来るだろうと存じます。しかし、慈愛とか愛とかいう心の働きを備える事は容易では無かろうと思います。これ等の徳は生命の属性であって慧を持つ人間でなければ生み難いからであります。

これと反対なのはダンテの神曲の中などによく出て来る精神ばかり先にあって肉体が無いので、それを見付けて居る怪物です。これなぞはいくら慧の方が充分に在っても智の実行機関を伴わない、生命生活としては完全を欠いている人間に例える事が出来ます。

みなさんは仏像をごらんになるでしょう。仏像には必ず脇士《きょうじ》というものがついて居ります。たとえば阿弥陀如来には観音と勢至《せいし》とが、薬師如来には薬王《やくおう》と薬上《やくじょう》とが、この本尊の脇について居る。この脇士の菩薩は本尊を扶《たす》けて衆生を教化する大士を現しますが、ある場合にはその本尊を生んだ智慧を象徴することもあります。脇士が二人居るのは智と慧の相対関係を現して居るのであります。石山寺に参詣なすった方はご存じと思いますが、あすこで蓮如《れんにょ》上人の幼時の絵姿「鹿の子の振袖の御影《みえい》」というのを見せます。これは蓮如上人の母は観音の化身であって、この石山寺の傍に生家があった、それに因《ちな》んで見せるのだという伝説ですが、蓮如上人を慈悲の現れとして、これを生むものは観音即ち智慧であるという意味に取ればこの伝説も合理的になって参ります。また本尊の脇士は先程ちょっと申しましたようにその本尊の実行機関を象徴する場合もあります。たとえば本尊が真理を現わして居るものとすればその真理を世の中に押し拡めるのに「勇猛心」と「忍辱心《にんにく》」(辱しめを忍ぶ心)とが要る。この実行上の二つの心掛けを人格的に取扱って菩薩の脇士を二人附けるのであります。

以上の様な訳でいかに仏教が智慧を尊重し、これと関係の深いものであると言う事がお判りになったろうと存じます。成程仏教は智慧である事は判りました。今度はその智慧で自然と人間から取出す目的のものは何か？　これが第二の問題であります。

わたくしはこれを生命と申します。生命と申すと人間のいのち、動物植物のいのちというふうに寿命に限りのある肉体的の生命のようにばかりも取れますが、わたくしの申す生命の意義は生命が生命である理由のもの、いのちをいのちとして存在させて居る力そのものを指すのであります。約千年前の桐を育たした力と今日桐の木を育たして居る力と変りのありよう筈はなく、北極圏のエスキモーを生かして居る力と、南洋のジャワの土人を生かして居る力と違いのありよう筈はありません。即ちこの力は時間にさえぎられず古今を貫き、空間に隔てられず東西南北を嫌わず存在して居ります。うっちゃって置いてもわれわれはその力の中で起き臥し、生き死にをして居る。われ等がその中に在ってそれに生活さして貰い、しかもそれに生活さして貰って居るのを知らない有様を、古《いにしえ》の聖者は水の中に游《およ》ぐ魚の水の中に在るのを知らないのに譬えて居る。それ程この力はわれわれの自然性となってわれわれの中に住み、またわれわれの周囲を取りかこみ、謙遜して決して自分から表立って認められる事を希《ねが》わない。しかし生物がこの力を慕ってそれを意識に持ち来し、はっきりした自覚の下にその力の意図に添うて、積極的に働き出し度《た》い願いは他の本能よりも超えた最後の本能であります。

観無量寿経及びその他の経中に人間でこの生命の自覚に親しきものと疎きものとの素質の等級を分けてまず三種に区別し、それに上中下の等級を付け、合せて九品《ほん》の仏の候補者を立てて居ます。実際わたくし共が世間の大勢の人に交際して見ても感ずるのですが、全くこういう生命の慾求には無関心で、実に生命感覚の皮の厚い人があります。こういう人に会ってるとこっちも眼、鼻、口を塞さがれて居るように、妙に味気ない圧迫を感ずるのであります。そうかと思えば別にそういう話をするでもないがただ何となく生命の閃めいて居る人があります。この種の人に会ってると自ずと生き甲斐のあるような感銘を受けるものであります。

仏教は人間のあらゆるものに関して実に精到細密な学問を組織して居ますが、この九品仏の分類はその一例であってしかもその中の最下品のものまで悉《ことごと》く生命の自覚に入れるような、巧みな導きの階梯を作って呉れたのであります。

西洋の小説にときどき超人というものを書こうとしていますが、こういうのは、完全な生命の覚者の仏にはまだなれないが、普通人以上に生命に対して敏感であり慾求も切なるものがある、仏教で言う声聞《しょうもん》、縁覚《えんがく》といった階級にでも属する人でありましょうか。芸術家にもこの超人型の人があって一体に精神力が強く、その精力をひるがえして生命に向う時は必ずしも仏教の道を辿らずとも立派な生命に対する暗示だけは与えて呉れるものであります。

このように生命への道は仏教が示さずとも人間自然の道である。誰でもいつかは辿りつくべき道である。しかし一度気が付いた以上は出来るだけ急ぐがいい。さてそうなってこの道へ一歩踏み出した求道者は実際困難に遭遇するのであります。

わたくしが前に詠んだ歌に

梅の樹に梅の花咲くことはりを

まことに知るはたはやすからず

梅の樹に梅の花の咲くのを無関心で見て居れば当り前で何でもありません。しかし何故咲くかその深い理由、生命の黙示、それを受取るには濁らぬ正しい智慧が要ります。まずもって智の方で梅の樹の植物学的や、その他の科学的知識を知り尽し、最後に慧によってグッと梅の樹の生命の秘密に入る。この時、梅の樹の持って居る生命と自分の生命と一つに合体して、そこに宇宙万物の生々する霊源を感ずる。感ずるよりは寧ろ霊源そのものとなる。もし人がこの心境に達すれば、自分の心情そのものがいつも滾々《こんこん》とあふれて尽きざる生命の泉であるが故に、その人それ自身が特色のある創造である。従ってその人に属する生活も仕事も新鮮の上にも新鮮に、慈愛の上にも慈愛である筈である。梅の樹に梅の花の咲く道理を真に知るというのは、この境地に達して始めて知ると言えるのであって、そこまで行かない知り方は局部的の知り方であります。そこでこの事は実に容易《たやす》くはないと歌で嗟嘆したのであります。

以上で人間が生命を探り出す道具になる智慧と、探り出される目的の、われ等の本体の生命に就《つ》いて、ごく簡略にお話しいたしました。

そこで残る問題は、智慧が生命を探し当てる手伝いになる導きの方法であります。

仏教は極力これについて骨を折って居ります。まず第一に自然なるものと人間なるものに関して科学的理解の参考になるような一切の予備知識を準備して居ります。第二に芸術であります。文学の美、絵画彫刻の美を通して智慧を生命へ向け快く開かせようと図って居ります。第三に信仰と行の宗教的手段であります。この三つの助成手段の中で今まで仏教家は信と行の宗教的手段を第一のものと立ててあとの二つを比較的軽く見て居ます。

わたくしは人々に対してまず第一に科学的方面の仏教を先に勧めるのが一番理解が早いと思います。なぜならば今日の人々は理智が発達して居て、まずその説明を得なければ何事も納得しません。次に芸術であります。今日の人々は感能が発達して居て、芸術的の味のないものはたとえ善いものでも喰わず嫌いに過します。さてその次に信と行の宗教的手段です。

この順序は専門家が見られては矢《や》っ張《ぱ》り異端のように思われ易くありますが、わたくしは時代と人を観察してどうしても、この順序が時期と人に相応するように思えてなりません。それでこういう風にいたします。

一体釈尊時代の原始仏教というものは、釈尊が修業の結果結論に達し得られた十二因縁というような、生命に達する思索の階梯が弟子が同じく思索して悟りに入るのであって、これに伴う戒律を守る生活はありましたが、信仰の対象になるようなものは与えられなかったように見えます。思索によって自分で体験するというのが修業の本筋であったらしく思われます。もし信仰の対象らしいものがあればそれは釈尊の人格であって、他に何仏を拝むと言うような事はほとんどなかったようです。弟子達は皆銘々の実力を資本に思索に入ったらしいです。

二

ここに一つの川があります。たとえば淀川といたします。われわれの普通の考えでは確《たし》かに淀川なるものが存在して居ると考えて居る。しかしもう一層深く突き詰めて考えて見ると大分この考えはぐらついて来ます。

淀川の流れというものがあるように思える。しかしその実際は山から出て来た水が一時そこを通って海へ出るまでの途中の状態なので水に「淀川の流れ」と銘打った水は無い。その近江の琵琶湖の水でも井戸の中の水でも淀川の水でも水としての意義は同じである。その単なる水が大阪市外の地の低いところを辿って行く。そのある距離を動いて行く間だけ単なる水は「淀川の流れ」となり、その距離を離れたらもう「海」と名を替えて居る。もしその単なる水が滋賀県の窪地に湛《たた》えたら琵琶湖というものになるし、めいめいの家の井戸の中に在れば井戸水です。

そこでこういう事が判って参ります。今まで淀川の流れなるものが判で押したように確《たしか》に在ると思ったのは現象に欺《だま》された考えであって事実に背むいて居る、事実はもっと違ったものであった。この現象に捉われた固定的の考えを概念的と申して人間の頭脳の誤り易い例の一つであります。

この概念的の考え方は自然現象についてのみならず人間についても人は可成《かな》り強く持って居る。たとえばここにお話して居るわたくしでございます。うっかり考えるとここに岡本かの子なる一人の女性が可成り確に在るように思える。自分でもそう思って安心して居る。これは概念的の考である。もっと心を潜めて科学的に突き詰めて見るとそんなものは無い。いろいろの元素の化合から出た細胞の寄り集りであってその細胞も常に新陳代謝して居る。生理学の研究によると人間のある細胞は七年間ですっかり代るというから七年前のわたくしと今日のわたくしとは全く違って仕舞ったところもある。また人間は元素の化合から成立って居る方面よりすればこのわたくしの前に控えて居るマイクロフォンとわたくしとは大差がない。もしわたくしが物事を聴入れてお話出来るとすればラジオも物事を聴き入れてお話する。人間とて器械とて優劣があるものでない。これは冗談ですがまあこんな具合に厳しい理智で責め寄せて行くと人間もまた個性という実体はなくなる。生理現象の新陳代謝の道中のある途中を名《なづ》けてその人と認めるだけであります。こう観て来るとまことに人間たるもの心細くならざるを得ないのであります。

「事実に直面する事は恐ろしい事だ」

十九世紀末に欧洲大陸に起って世界を風靡した自然主義文学の大家達は期せず一致してこう叫んで居ります。

自然主義文学の運動というのは当時欧洲に起った科学の力を信じる一般の風潮と歩調を

合せ、人間の存在をも特に人間であるの故を以て容赦を加えない。科学者が自然の性質を研究すると同じ冷い態度で文学的解剖のメスを人間に加えようとした運動であります。この態度で人間を心理解剖すれば人間の性質も大概動物的本能に帰してしまう。今まで人生の花とされて居た恋愛の純真も義俠的な友情もみなエゴイズムの動物的本能が仮装したまでである。例えば恋愛の如きも性の本能が満足を得よう為にする誘惑手段であってみな自己中心から出発する、今迄それを美しと見たは夢であった、夢を醒まして見れば残るは寂しい孤独ばかりだ、この結論に達します。そこで、この派の文学者達は苦い顔をして、

「事実に直面するのは恐ろしい事だ」

と叫んだのであります。

自然主義の文学者のみならず、いやしくも人生を真面目に突き詰めて行ってあるが儘に見ようと志すものには是非共一度はこうして概念を破る、また美しい夢を醒す智能的掃海作業の洗礼が必要なのであります。

この為《た》めに仏教は般若経を中心として他の経にも展開して居る「空《くう》の哲学」を用意して居ります。

般若経はなお詳しくいえば摩訶般若波羅蜜多経《まかはんにゃはらみったきょう》。支那の訳本で最大なのは六百巻ほどの

分量のものでございます。これの精髄だけを取って般若心経《はんにゃしんぎょう》というごく短かいものが出来て居ります。

般若というのは梵語の智慧という字を音訳したものでありますから、この経典が如何に智慧によって仮想の概念を破りまやかしの夢を醒すのを目的にして居るかがお判りになりましょう。

その内容である「空の哲学」というのはどういうのかと申しますと、まず始めはわれわれの官能の器官、すなわち眼だの鼻だの口だのは空なものであります。それはそうでしょう、こういう道具も有機的で作られてあれば始終変化を免れない。若い時の眼はよく見えるが年老ゆれば見えなくなる。それほど永い時間の間で無くとも一日のうちにも生理的作用によって微細に変化して居る。

次にこれ等の感覚機関を通して感受するわれわれの感能なるものも定性のない空であると説くのであります。たとえば物を見分ける視覚一つについても海を見慣れた後の眼でもって川を見れば川は狭く見える。しかし池のみを見馴れて居た眼でたまに川辺へ出て眺めれば川はとても広く見える。わたくし共婦人によく経験のあることですが余程気に入ったと思って買って来た反物の色が翌日見直して見るとそれ程でもない。実に視覚というものはあてにならぬものであります。

このように段々空《くう》じ去って行って前にお話した空間的に拡がって居る自然の川のようなものも空であるし、時間的に位置を占める草木の成長のようなものも空である。またこれ等物質的のものについて許《ばか》りでなく心理的のものも、すなわち先程お話した自然主義作家の解剖の材料になる心理上の諸現象、恋愛でも友情でもみな流転の姿を改めず畢竟《ひっきょう》空であると、宇宙的の存在悉《ことごと》くを空じ去ってしまうのであります。

かくの如く自然も人生もありとあらゆるもの、信じられず、取り止めなく期待を持つ事が出来ないと判って見ればわたくし達、人間はどうしたらいいでしょうか？　浮世を捨てるか、捨鉢になるか、自殺をするかその日暮しの出鱈目《でたらめ》になるか、何故誰も頼みもしないのに自分をこんな果敢《はか》ない世の中に生れ合わさしたかといつまでも疑って居るか、さしずめこれ等の遣り方より致し方が無いように思われません。（ママ）――

世界で昔から今迄あるいろいろの思想の中で厭世主義といわれるもの、享楽主義といわれるもの、懐疑主義といわれるもの、虚無主義といわれるもの――こういう思想家は確《たしか》にここまでの智慧の徹底はあるのであります。仲々ここまで到着するのでも並々ならぬ突き詰めた考え方が要るのであります。たとえ享楽主義者たりとも真剣な享楽主義者ならそこへ来るまでに恐らく涙の夜々を幾夜考え明したか想像出来るのであります。

彼《か》の伊太利《イタリー》の文豪ダヌンチオの傑作「死の勝利」の中に書いてある思想は男と女が恋愛に陥ちたが恋愛の情緒の空な道理を感じて、恋愛の醒め切らぬうち死の世界へ入って永遠にその情熱を存続させようというのであります。死の世界へ入ったら恋愛の情熱がそのままトキ色かなんかの美しい色の木乃伊《ミイラ》になって永遠に遺《のこ》るか疑問ですが、兎《と》に角《かく》恋に酔うて居る恋人同志の間にでも白っちゃけた「空の哲学」は遠慮なく皮肉な顔をしてヌッとその間に現れ出る例証の一つであります。

さて、人間が智を働かしてこの程度の空の理を観じ浮世が味気なくなる、この失望の人々に対しては原始仏教は救いの道として寂滅為楽《じゃくめついらく》の法というのを説いて与えます。寂滅為楽の法というのは「滅びの道」を教えるのであります。人間には生存の意志があり、安定を求める慾がある、それなのにその生活の舞台である現実はその反対の空である、人生の苦はその間の矛盾から起る。で、この苦を取除くにはこちらの人間に在る生存の意志を消極的に消滅させる、そうすれば空になった人間と生活の舞台の空と一致してそこに何等の矛盾が無い、これが永遠の安楽の世界である。そして生存の意志を消滅させる方法としては自殺でもさせるのかと思うとそうではない。仏教では人間の念は科学のエネルギー不滅の法則と同じように次々と伝波して行くと認める。だから強いて死のうという意志は積極的のものとなって死後も伝波を起して行く。だから真の「滅びの道」ではない。本当に生存の意志を絶つにはやはり生存中に智慧でそれを探り当て、意志を用いて狙いたがわず打ち砕くがいい。

この救いとしての「滅びの道」は仏教の原始時代には可成《かな》り行われた教法でありますが、後に段々完成された智慧の宗教としての仏教から見ればとても智慧が徹底しないところがある。で、これを小乗といって甚《はなは》だ消極的の人生救済法であるとして後の大乗仏教からは極力排斥されて居るところのものであります。

それならばその何処が智慧が徹底しないところだというと、これは大分難かしくなって参ります。

いま智慧を働かして人生の空《くう》なる事を悟ったといたします。しかしもしなお智慧に弾力がある人ならば、その悟った空も更に空ではないかと突き詰めて行く本当に徹底した空の観念ならば、人生は空だといって味気なく想うその味気ない想いさえ空ではないかとします。かくなじるそのなじる心もいよいよ空ではないか。

たとえて申しますとここに死ぬ気を起したという人がある、そしてその人が、その儘死んでしまえばまだ本当にその人は死ぬ気を起した人ではない。徹底して死ぬ気を起した人なら、その起った死ぬ気をさえなぜ死なしてしまわないのか――そうすれば今更死ぬとか生きるとかするにも及ぶまい。

こういう例をひくのは甚だ人情味を疎外して人間の決心を論理の手遊《おもちゃ》にするようであまり快くはありませんが、しかし只今当面の問題は虚空蔵《こくうぞう》菩薩――智慧の象徴の人格化――が智慧焔光の利剣を振りかざして当るものを断っては靡《なび》ける様子を譬えを仮《か》りてお話するのでありますから、人情には関って居られません。兎《と》に角《かく》智慧の利剣はただ一振り振り下ろすだけでは満足しません。断って断って断り捲くり、残ったものを悉《ことごと》く斬り靡けてもう斬るものが無くなれば、しまいには利剣彼自身をも自分で断って総てを清く仕末してしまうのであります。

この事を「否定の否定の否定――」と申します。先頃流行の学問の弁証法にも「否定の否定」という字は使ってありますが、扱う意味は違います。仏教の方の否定は二字続くだけで無く、否定の否定の否定――となおも無限に続くのであります。

この事は何を意味するでありましょうか。これは人間の持って居る物事に対して捉われの相対的の観念を、徹底的に捨てさしてそのものの、絶対純真の価値や存在に直接触れさせる為《た》めであります。いのちといのちを直面させる為めであります。

また譬えをもって申しますとここに子を可愛がるということをいくら純真に愛する積りにしろ人間にはいろいろ悪い習慣から移り込んだ癖もあるし、人類の原始から遺伝して来た動物的の本能の血も流れて居る、それを一々取り出して破って捨てる。たとえば子を可愛がるのは自分の老後の頼りにする為めに子を可愛がるのではないか、その子の出世を母の見栄《みえ》にする為め愛するのではないか、ただ親としての本能の手遊《おもちゃ》にしたくて愛するのではないか、夫に冷淡にされる愛の振り向け所として子へ二重の愛を浴せかけては居ないか。――こんな気持も思い当らぬことはない。それ等の愛情にしろもっともでないこともないけれども、しかし最高の標準の愛から見ればまだ子供を純真に愛する愛し方としては混りものがある。その混りものを見付け出しては破り捨て破り捨てする。ところがそれ等を混りものがあるとして破り捨てて居た最高の標準の愛なるものも、もう破り捨てる相手が無くなると今度は自分で自分を評価し始めるのでありますが。果して自分は自分で信ずるような最高の標準の愛であろうか、かく思い詰め思い詰めして思索の力の刀折れ矢尽き全く何とも知られなくなって思わず子供を抱きかかえ頬ずりする。その時には抱きかかえる母もなくだき抱えられる子供もなく、二人の生命が一つになってただ融け合う。それを愛と名付ければそれでもよし、他の名で呼んだところでその親身は変るものではない。ただ必死で絶対自然の真情の発露であればそれが生命の閃きです。これをしも空《くう》といわばいえ、もしそうならこれはのっ引ならぬ動かすべからざる空です。もはやどんな皮肉な考えが犯しに来ても醒めも破れもしない母子の真愛です。智慧で愛の否定の否定――をやって行くのはトドのつまりこの生命の境地に追込まれたい為め使った手段である。その境地に入れたらもう途中の手段は用はない。すると丁度具合よく智慧彼自身も役目を済まして自分が自分自身に否定の否定の否定――を加えまた生命の中に融け込んで仕舞うのであります。この種々の心理上の試練を経て最後に生れた生命の絶対の愛の姿と、原始人の動物的の無反省な愛の姿と形に似てるところがあるので一つのものと誤られ易い、しかし事実は天地雲泥の相違である。これはあらゆる試練教養を経て後の単純さである。かれは試練教養を経ぬ勝手気儘な単純さである、ここのところはよく誤られ易いところである。般若経を中心として他の経典にも展開して居る仏教の空の哲学は、徹底してその試練を経る時には結局元の人間性に還って来る。試練を経ない前の人間性と一見形に変りは無いようでありますす。しかし前の人間性はまだ心理の苦労に遇わない人間性であるからいつ何かの思想にぶつかって誘惑に打負けるかも知れない危険性を伴った人間性であります。後の人間性はあらゆる苦労を試験的に自分が仮定までして悉《ことごと》くぶつかって見たのだからもうこの上動かされようも無いのっ引ならぬ人間性である、危険性は全く無い、そこで一見形は同じようであっても含みというものは全然違って居るのであります。

子供らと手毬つきつゝ此里に

遊ぶ春日はくれずともよし

われわれは子供と手毬をついて遊んだ越後の良寛《りょうかん》になぜ心牽かれるのでありましょうか。手毬をついて遊ぶわらべ心は良寛ならずとも子供が生れ付き持って居るところのものである、何も良寛の年になった老人にわざわざそれを見出して尊重するにも当るまい、しかし矢張り心牽かれる。その訳は良寛のわらべ心は智慧でもって人間性のあらゆる変化を推し試みたその後に還って来たわらべ心である。人間の誰でも持つ最後の望み絶対自在安泰の境地に立って純真のいのちの儘に悠遊する。その姿を良寛に見るから心牽かれるのであります。あれは良寛が手毬をついて遊んで居るのではない。われわれの理想の雛型が手毬をついて遊んで居るのであります。

仏教が空《くう》の哲学で人間の生命にあらゆる試練を施して居るのは目覚ましい努力であります。九十二見を破すといって人間の考え得られる限りの思想を、九十二種の範疇に纏め、これらについて一々真理で無い証拠を挙げます。或《あるい》は十八空《じゅうはちくう》と云って空の性質を十八種の方面より説明したりして居ます。人間の思想も九十二種も違った考え方で試みられたら大概思想の真理の中心に打突《ぶつ》からざるを得ないでございましょう。

そしてこれ等の心理的探求は始めは静かな山林の中に籠って思惟によって求めて行く方法、即ち「山林の仏教」でありましたが、これだけでは自分の心の中だけの主観的自在は得られるかも知れませんが、客観界の世の中へ打って出て複雑な人事にぶつかるとまごついてしまいます。そこでこの生命の純粋性の主観的把握はある程度に止めて、これを鍵として口に胸に刻み、専ら客観世界の複雑な人生の諸問題の解決を実践上に試みその捌《さば》き方を体験して行きます。これが「山林の仏教」より「巷の仏教」への進出です。平安朝時代には比叡山の山霧の中に秘められた念仏も禅も法華の題目も鎌倉時代になり親鸞《しんらん》、道元《どうげん》、日蓮《にちれん》等の宗祖達によって一時パット巷の民衆に向ったという事は仏教の自然、人間性の自然であります。

要するに人類の発達は管絃楽的になって行きます。そして最上の音楽はもっとも純粋なる音と最複雑なる曲調との総和である如く、最上の人生は最純粋なる生命の最複雑なる味での表現でなければなりません。この意味で今日の時代はいよいよ思惟の深さと共に体験の幅の広い仏教が要求されております。

むかしの仏者がよくいう末法《まっぽう》の世の中というのは文化の発達した世の中ということでかかる時代には最強力な仏法が要るというのはまた、文化の発達した世の中ほどその複雑性を活かして整調すべくいよいよ純粋の生命の発動が必要になるのだという風にわたくしは解するのであります。

三

今迄で申上げたお話ではおよそ自然でも人間でもこれを深い智慧で解剖して見るとこれといって固定した存在は無い。融通自在の生命があるのみ。その生命の自在さを称して空《くう》といいます。しかしその空を徹底さして行くと、宇宙万物は空の儘で、また山だの川だの人間だのを形造って居る事を発見する。大体この辺まで説明致しました。

この仏教原理がどの程度まで今日の科学と一致するかと申しますと、宇宙万物はみな原子のいろいろの組合せで成立って居るという原子説が今日までには更に深く研究を進めて電子説まで進化いたして居ります。電子説というのはどういうのかと申しますと万物の細胞となって万物を組立てて居た原子は更にこれをこまかく割って電子の組合せで成立って居るのを発見して参ります。即ちある原子は電子幾つで成立って居る。ある原子は電子幾つで成立って居ると。要するに万物の出来てるこれは電子一つである。この電子の配合如何で鉄ともなり、酸素ともなり万物を成立たせて居るのであります。

こうなって見れば淀川の水でも、わたくし達人間でも、電子たる事に於《お》いて違いはありません。ただ電子がこの中に居る数が違って居るだけであります。

すると茲に疑が起って来ます。そもそも私共を拵《こしら》え上げてるそれ程わたくし共に取って大切な電子そのものは何物であろうか？

ここに至って科学者達は口をつぐみます。何故ならば科学者というものはいくら察してもって確かにそうだと想像がついているものも試験の上で実際の証拠が挙って来なければ決して発表はいたしません。しかしその中で大胆な芸術家肌の科学者は多少の直覚を閃めかしてこの程度には言って呉れて居ます。それはどういうのかというと、電子を成立たして居るものは最早物質の境を越えて居るもので物質とも精神とも分け難き一つの力であろうと。

迷信を除いて今まで仏教で直覚的に規定された真理の法則なるものの中で科学が発達するにつれ追々事実を裏書きして呉れるものが沢山あります。天文学の星雲説もそうでありますし、相対性原理もそうであります。ただ仏教の方では鋭い直覚を働かしてこれ等の真理を詩的に暗示して来たのを科学者は後から後からピタピタと実証を挙げて証明して呉れるのであります。

この前例に従えば電子説もやがてもっと確《しっ》かりした事実の証明によって仏教の物心一如、即ち物質と精神と分くべからざる説を裏書して呉れる事も遠くはあるまいと楽しみになります。

物心一如、仏教の方で心という字の意義に二つあります。心《こころ》と読む時は人間の精神の事です。心《しん》と音《おん》で読む時は人間のみならず宇宙間の万物に渉って、これを活《いか》し支えて居る力。即ち生命の事であります。

生命は絶対に自在である。そしてその自在さの儘で物とも現れ宇宙間万物を形造って居る。この事を仏教の術語では物心一如といいます。哲学の方では難かしい言葉で現象即実在などといって居ります。

何と名目をつけるにしろ、そういう事実がありとして、さて、それならそういう風に自在に湛《たた》えて居る何にでも平等に行き亙って居る筈の生命がどうして一々の形を取るであろうか。差別の個性を帯びて来るであろうか。この事は仏教の方で最も大事な事であります。

もしこの疑問に正しい解決を与えなければ生命は自在で平等だからと云って、この方の一面のみを見てずっと前にお話した人間素質の上品も下品も一緒にして、制限なしの勝手気儘をしたりするようだったらこれはまだ本当の生命の理解者ではありません。これを仏教の方で悪平等《あくびょうどう》と申します。

自在平等な生命が差別の色を帯びた個性のものとして何故現われて居るのかというと、これは因果律の支配を受ける為《た》めです。そのものになる原因があり、これを助成する縁があって、その結果、そういう特色になって現われるのです。

例としてまた淀川の水をひきます。淀川の水は琵琶湖でも井戸の中でも同じである単なる自在平等の水であります。しかしその単なる水の低い処へ流れるという水の性が原因となり大阪市外の細い窪んだ土地が縁となり流れる結果、淀川の水という個性を帯びた名前の川となるのであります。岡本かの子という単なる女は実務より頭の勤労に向くという素質が原因で、それに取入れた体験教養が縁となり今日この様な芸術の勤労に服する特殊の職分の結果を招いたのであります。

この観方からすればどんな些末な物事でもその歴史となる因と縁とを排する訳には行かない。世の中に何一つ偶然という事はないのであります。

従って物事の間には厳然たるけじめがあり各々努めて特色をもって働くのが生命の装飾になるのであります。

しかしこの意味を悪く穿き違えて取ると無理に物事に距てをつけ自身の主張が頑《かたく》なになり、他との調和が破れるようになります。これを差別に捉《とら》われると申します。

つまり我々の本体の性質に二つの面がある。一つは自在平等の面、一つは制限差別の面。そしてこの二面は場合により事情に応じて適当に使い分けて行くのが生命に忠実な仕方でありす。例えば子供を育てる方《かた》が日曜日の遊びには子供も家族の一員として平等に待遇し、しかし平日の勉強時間には制限して家族から引離して部屋の中へ入れて勉強させる。これなぞは無意識かも知れませんが生命の徳である二つの面の程よき使い分けに似て居ります。

わたくしは只今因果律の話に就いて例を述べ、それに極めて簡単に因と縁と果との解き明しをつけました。これは判り易くする為《た》めであって、しかし実際はもっと極めて複雑なもので何処に因があり、何が縁となってそうなのか、人間の智慧では届き兼ねるのが多いのでございます。

人生に運命と唱えられるものがある。あれなぞはその一つであります。因果律から申せば世の中に原因が無く縁の助けが無くて、そうあるものは一つも無いけれど運命というものは因と縁の在所が判らない。もし判ってもこれを取除く力が足り無い。そこであきらめるより仕方が無いとされて居ります。たとえば女性の間にはよく問題になる夫婦間の不和、それも双方に不和になる原因があり不和になる縁があるのなら、あきらめの中にも多少の納得が行く。または積極的に取除こうという勇気も出る。しかしそういうものは一切見当らず双方好意を持ちながら愛の冷めて行くのを、どうしようもないというようなのがある。近松の戯曲の中によく出て来る三角関係、夫は妻を愛して居る。妻も夫を愛して居る。であるのに夫は第二夫人との関係を絶つ事が出来ない。その第二夫人だとて自分の情人の妻に対しては遠慮も義理も尊敬も持ちながら、その情人とは離れ度《た》くない。で所謂《いわゆる》運命と名の付く力の儘に三人が互にいたわり合い、同情し合いつつ落つべき不幸に落ちて行く。悲劇中の悲劇であります。これはどういう風に解決したらいいか。

真の仏教の方では決して理由なしにあきらめろとはいわない。ただ目的のよくないものに向っての努力は捨てよと教える。もし目的が生命の意旨に叶って居て人間を光明に向わしむるものならば必ずいつかは報い来るものとして努力を払えと教える。努力を続ける時に必ずや不明だった理由も明になり、これを訂《ただ》す手段も発見されて来ると教えて居るのである。

例えば天然痘のようなもの、あれなぞもむかしはご存じの通り人間一生に一度は避ける事の出来ない運命の病気として誰もが忍んで受けて居たものであります。だが今日では医学によってこの病気の因縁を探り出し、逆にその因縁を活用して種痘《うえぼうそう》のようなものを発明し、もう今日では誰もこの病気の災害を受けるものは無くなった。昔は運命であったものが今日では運命で無くなった訳であります。昔は夫婦間に子供が出来ないため不和になったものなぞはやはり運命である、神から授からなかったものとしてあきらめて居た。それが今日では婦人科の医術が不妊症の因縁を研究し子宮後屈症のものは手術するとか喇叭《ラッパ》管閉塞のものはその手当をするとかして、ある程度まで救える事になっている。この医法なぞ薬師如来の文化的活現ともいえるでありましょう。もしもこの救える程度がもっと率が高くなったら今迄運命とあきらめたこの種の夫婦間の不和は天然痘のようにはほとんど根絶されるに違いない。

このようにして近松戯曲中の三角関係のようなものも、第一にそれは夫である男の他に誘惑され易い意志薄弱のところは何か遺伝的の病的素質があるのでは無かろうか、その因縁を研究して、もしそうなら早速手当をしてこれを癒し、一方男を誘惑する稼業の第二夫人に属して居る売笑制度は社会政策を発達させて影を無くなして仕舞う。こうなればいかな紙屋治兵衛さんも艶事《つやごと》を演じ度《た》くても演じる因縁が無くなってしまうのだろうからただもう家庭円満であります。

今迄仏教をして小乗的に世間から思わせられて居た因果律も大乗仏教の本旨から云えばもっと人生の為《た》めに積極的に扱うべきものである。今迄あきらめるために使われて居た因縁の法則は逆にあきらめさせぬ希望的光明を保証する力強い法則にしなければならぬ。

われわれの生き死にという如きものも、例えば海の水と浪のようなものである。泡立って起り、伸びる丈伸びて一つの浪は消え失せるが、しかし泡立つ時も消え失せる時も海の水に変りはない。根本の海の水は浪の起伏の儘にただ高低するだけであって増しも減りもしない。人間の根本の生命も丁度そのように生き死にの浪に関らずいつも増しも減りもせずどっしり湛《たた》えて居る。だからわれわれの生命は永遠性のものである。われわれの生き死にの現象のみが生滅の姿を次々に現わし、一波万波を生じ絶えず動いている。

一つの浪は一つの生涯である。これが生れて消えると思えば、もうその力は次の浪を起している。すなわちこれ次の生涯である。かくてわれわれの業《ごう》なるものは生死の生涯を幾つも貫いてその影響を次々と保って行く。われわれはこの生涯を終る。しかしそれだけでわれわれは永遠に消滅し去るのではない。因縁によって出来た業《ごう》なるものはなお因果律によって次のわれわれとなって生れるのであります。

一つの魂があり肉体は滅びてもその魂は永続するというのは他の宗教の生命観であるがこれは物質と生命をこえるものとした観方であって、今日の神学には嘲笑される理論であります。

物質も生命も一つのものであって不増不減で宇宙に湛《たた》えて居る。因果律による業がこれに浪を起伏して行く。これわれわれの生涯であって、これが仏教の生死の理論で今日までの科学がある程度まで裏書して呉れるものであります。

これを平たく云えばわれわれが死んだと思うのも意識が無くなるだけでわれわれの持ってた生命価値は滅びない、何等かの形で次の価値の生涯を起して行く。

こうなって漸《ようや》く吾々は慰められもし、また光明を失わないのであります。もしわれわれが美でなく生れ付いたらばそれは前の生涯かなお重なる以前の生涯の因縁の影響を受けたものであって、決して理窟のない結果ではない。よしそれを今の生涯の五七十年に美しくする事は出来ずとも肉体的の方法、精神的の訓練、こういう因を植え縁を求めて行けば、幾つかの生涯を経るうち美の理想には達する事が出来ましょう。

この事は仲々信じられず、また気の永い話に思えようけれども植物学者やなにかでも数代か数百代の気永い改良を加え、草花や食用植物を改良し、現に見違える許《ばか》りの成績を挙げて居るものが沢山ある。なおもし科学が進歩するならばわれわれの生前のいのちと死後のいのちとの連絡ももっと説明がついて、安心して根気よく自分に向って改良を加えて行く気になる事と思います。

そしてわれわれの持ってるこの個性の生命と、他のものの個性の生命と、また人間以外のものの生命とが、因となり縁となり、互に影響し合い、宇宙の大生命を組織して居る有様は帝網無礙《ていもうむげ》といって、仏教中の華《け》厳経《ごんぎょう》が中心となり大に力説しているところのものでありましてこの華厳哲学は、般若経の空《くう》の哲学が生命の自在性を説いたものとすれば、これは生命の連絡性を説いたものであります。

帝網無礙とは詳しくいえば天の帝釈宮《たいしゃくぐう》に在る因陀羅《いんだら》という珠玉の網のようなもの、例えばダイヤモンドで網のカーテンを作ったようなもので、その網の結び目がわれわれ個性あるもののいのちとすれば、いのちといのちとは宇宙の生命線によって互に連絡し、その結び目の持つ妙《たえ》に美しき光明は互に他の全部の光を映《うつ》し合って影響し、実にさんらんたる生命の交響曲を奏して居る。互の生命の連絡に少しの滞りもない。それを網の形を借りて表現したものであります。実際われわれ生活上の一寸《ちょっ》とした事を見ましてもこの組織の一部は窺えるのであります。

例えば一人の婦人が美しい帯を締めて往来を歩いて居るとします。この帯は西陣の織物工が苦心して仕上げたものならばその織物工のいのちがここに現われている。そしてその帯をその婦人の夫が買って呉れたものとすれば夫の粒々《りゅうりゅう》辛苦の汗の価がこの帯に現われている。夫の生命の閃いて居る訳である。もしこの帯によって美しくせられた婦人の美しい姿に道を歩く人達が明朗になればまたこの帯にその人達のいのちは影響して来るのである。なおこの帯を苦心して拵《こしら》えた織物工はその得た賃銀によって家庭を賑わしたとするならば、その家族の満足したいのちは家庭の主人を通してこの帯に通じて居るのである。またこの帯を買うために夫が余分に働いた仕事が例えば発明品であるとすればその発明の便利を得た人達のいのちは発明を通し婦人の夫を通してその帯に関係して来るのであります。こういうようにして一つの物事は、宇宙の物事といつも互に影響し合っている。ただわれわれ人間の洞察力ではその実に何十億分の一しか見えないだけであります。これが華厳経《けごんきょう》で説明する宇宙の生命の網であります。

この事は何を教えるのでしょうか。善にまれ悪にまれ総ての物事が自分にも関係ありとするなら総ての物事に対して自分も一分の責任がある。おろそかには出来ない。善に対してはいよいよ助力を惜しむ事なく、悪に対してはただ無暗に憎み捨てず、自分の一分としてその矯正に努力する。

一体人格の完成という事は、なる丈け多く他のものの負担を担ってやって他を軽くする事である。その負担力が多くなればなるほどその人の人格は厚さを増して立派になる。富士の山の美しさの要素には他の理由もありますが、多くの土を担って居るところが見晴せる点にも充分大きい理由がある。

華厳経の生命哲学は人間の人生に対する態度にこういういろいろの教訓を指示して呉れます。

四

これまでのところは生命は非常に自在平等なものであって、何一つこだわるところのない性質のもの。それが因と縁によって違った個性のあるものとして現われる。しかしそれも根はこだわりの無い自在な生命なのであるからその上に積極的によき縁を結んで行けばどこまでも向上の可能性があること。また人間の生命は相続して行くものであるが故に死を限りと思わず気永く努力を続けて行く必要がある。更に個人の生命は全宇宙につながり、全宇宙の生命は個人の生命に網の目のようにつながって居るのであるからして何事も自分一人と思わず広く責任を負担して行くところに自己の人格の拡充が行われてゆくこと。大体以上のような説明で皆さんがお判りになったことと思いますがここでの説明は生命の組織の抽象的の説明であって自然をも人間をも可成《かな》り平等に取扱い、まだ人間の生活を中心にして、その具体的の研究や向上の方法を発表して参りません。そこで次にはいよいよそれに向って進もうと思います。

仏教の経典の中で法華経、詳しくいえば、梵名、薩達磨芬陀利迦修多羅《サツダルマプンダリカスートラ》は仏教の思想体系の中で一番現実に進出し、人間生活に直面した思想を説いた経文であります。

仏教の思想とて一時に完全に出来上ったとは云えないのであります。時にはあまりに冷たい思索に入り込み過ぎ人間を化石にしてしまいそうな経文もあります。またはあまりに人情におもねり過ぎ甘い未来偏重の極楽思想で人間の現実生活の価値を捨てさせてしまう恐れのある経典もあります。かくてさまざまの思索と体験の矛盾に打突《ぶつ》かった後、要するに人間が人間であってみれば、人間中心の現実に踵《かかと》をちゃんとつけた当面の生活に生活の意義を充分置く思想でなければ人間用の思想では無いという事に気付き、ここに完成されたのが法華経であります。
人間性の匂いがぷんぷんして人間の持って居る程のものなら悪の本能までをも生命の為《た》めに活かして使おうというのですから気の弱い宗教家は眼眩《めまい》がしてしまいます。しかし何といっても仏教では中心になる思想ですからどの宗派でも多少この思想を取入れない仏教宗派はなく、ただ以上のような理由からまともにこの思想を振りかざして行くのを敬遠して居るだけです。
法華経そのものは大文学であって規模の大きい事、組立ての複雑な事、戯曲的であって色彩の華やかな事実で素人には中々要領が掴み悪《にく》うございます。これが支那へ渡ってすっかり文化の頭に消化され、科学的に組織を立て直したのが天台哲学であって、更にそれを日本へ請来し、日本人の要領のいい頭で尖鋭化したのが比叡山の伝教《でんぎょう》大師の日本天台哲学であります。
この思想ではまず人間の心理の世界を分類して十の階級に分ける。すなわち
地獄、餓鬼、畜生、修羅、人間、天上《てんじょう》、声聞《しょうもん》、縁覚《えんがく》、菩薩、仏界
地獄とは苦痛のみの心理世界である。餓鬼とはいつも求めあえぐ心理世界である。畜生とは動物的本能の世界である。人間とは生命の自覚に入り得る可能性を五分持ち、動物的

本能以下の世界へ堕落する可能性を五分持ち、漸《ようや》く心のバランスが取れて居る心理世界である。天上とは良き因を植えた結果只今快楽を受けつつある心理世界であって、しかしも因果の法則によって払った代価の効力が尽きればいつでも快楽は尽きまた人間及び人間以下に戻る。

声聞《しょうもん》と縁覚《えんがく》とは二つとも生命の自覚を求むる心を起した心理世界である。菩薩とは仏とか如来とかが人間及びその以下の衆生を救済する方便のため特にその高尚な悟りの位を下り衆生に同じられる煩悩や本能を帯びる生物の位置に立って利生に働かれる、こういう菩薩もありますが、普通には人間より仏に近づいた超人の心理世界である。仏界とは生命の自覚に完全に入った心理世界であります。

地獄とか餓鬼畜生とかいうと地獄極楽の生人形《いきにんぎょう》を連想し子供だましのように思われ易いが人間の心理を解剖してみると慥《たし》かにこういう心境はあるのである。われは人間であると思って居るが動物的本能の心と生命を求める殊勝な心と五分五分にバランスが保てて居る時は少いのである。兎《と》もすればあえぎ求めて居る心境や嫉みや憎みで心を爛《ただ》らして居る時間が多いのである。これ等の心理の変化を人間心を中心にして上下十の心界を展開して示したのが十界の説明であります。

そしてこの十の分類の心理世界は各一つ一つが生命の連絡性をもって他の九つの心理世界を帯同して居るのである。地獄の心にも餓鬼、畜生、修羅、人間、天上《てんじょう》、声聞、縁覚、菩薩、仏界に変化する可能を備えて居るのである。仏界の心にも菩薩、縁覚、声聞、天上、人間、修羅、畜生、餓鬼、地獄の心を備えて居るのである。

それはその筈であります。刑務所で苦痛のみを受けて居る人の心にも生命にあえぐ心は根絶したという訳ではない。自然主義時代の露西亜《ロシア》の小説に、獄室に閉じ込められた多くの囚人が、たった一つ前に開いている獄室の窓へ時々やって来る少女の姿に純真な心持を起させられ慰められる。これは苦痛を常に受けつつある地獄の人の心も少女がやって来る時は天上の心となって楽しむ事が出来る例であります。また仏界の心も他の九界の心を備えるというのは仏という生命の自覚者でも一般衆生を自分の自覚に引上げようとする時は相手の為《た》めには模様によって怒りを発し、修羅の心になる。例えば不動明王の像は憤怒の姿でありますが、あれは生命の自覚者の大日如来が衆生の悪心を退治する為に、修羅の心を生んで闘争威伏する力の方面を芸術的に表現したものであります。

要するに生命というものはくくり付けのものでないから一つの様式の心から他の様式の心へ自在に移動出来る融通性を備えております。で十の心理の世界が互に具備し合う、この事を仏教の術語で十界互具《ごぐ》と申します。

ところが今度はこういう法則がございます。事物には必ずその存在に十に分けられる理由があるという事です。それは事物にはまず第一に相《すがた》というものがある。次に性分というものがある。次に質量というものがある。次にその物が具えてる能力というものがある。次にその能力が発揮される働きというものがある。かくてその事物がそうなったに就《つ》いては例の因と縁と果がある。及びこの三つの因果関係の効果作用を指す報《ほう》というものがある。事物に就《つい》ての以上九つの存在の理由、これを一纏にして現わしたのが「等《とう》」というのです。以上すっかり数えて十になります。今これ等を始めから棒読みにして見ましょう。

相《そう》、性《しょう》、体《たい》、力《りき》、作《さ》、因、縁、果、報、等これを十如《じゅうにょ》と申します。

只今ここにコップがございます。このコップにはまず第一に筒形である相《すがた》というものがあります。次に透き通って居るという性質がございます。

次にガラスが出来てる体がございます。次に水を人の口に注ぎ入れて咽喉を潤すという働きがございます。そしてこのコップが出来た原因は硝子会社が人々の需要を充す目的がある為でこれが因でございます。その出来たコップが人に運ばれたのが縁となって、ここに講演者の役に立つという果が生れました。以上ひっくるめての九つの存在理由、これを等と名附けます。

たったコップ一つでもこれ丈けの手数のかかった存在理由がございます。そして仏教の物心観は、物質も心も一つである故、先程申した十界互具の世界の一々にはみな悉《ことごと》くこの十の存在理由がある筈です。

更にこれ等のものは唯は存在しない。みな三つずつの環境の中に在って存在が可能とされます。その三つの環境は何かと申すと衆生世間、五陰《ごおん》世間、国土《こくど》世間と名付ける、外形内容を通じて三つの系統に分けた広汎な意味に於ける社会的組織です。その社会的組織の中に在って始て事物の存在は可能です。

以上十界が互に具え合うから百界となります。そしてこの百界には一々相性体力《そうしょうたいりき》――等の十如の理由を具えて居りますから合せて千如です。このまた千如は三つの世間の中に存在するのであるから合せて三千世間。

天台哲学では人間を中心にして他の事物に亘る生命の組織をこういう風に解剖し説明して居ります。そしてこの三千世間はわれわれ個人の心の一念にもこれ等全部の力点が在るのだと説いて居ります。これを一念三千の法といって天台学では中々やかましい法門であります。

この事はわれわれに何を教えるでありましょうか。われわれの心の閃めき一つに全宇宙は表現される。もしわれ等の一念が濁って居れば、全宇宙を濁らせるものである。われ等の一念が純真ならば全宇宙も純真である。ここに再びわれわれ人間としての大責任を感ずるのであります。

なお天台哲学の中で注意すべきは煩悩即菩提《ぼんのうそくぼだい》の思想です。煩悩とは昔の説明では迷いといたします。菩提とは昔の説明では悟りといたします。迷いがそのまま悟りであるというのです。わたくしはこの説明の言葉を現代向きに取代えて煩悩とは人間性の事、菩提とは生命の事といたしたいのでございます。すなわち人間性がそのまま生命の表現であるといたし度《た》いのでございます。迷いすなわち人間性の中には嫉み恨み憎みなどいう一寸思えば人間の悪徳のように思えるものもございます。しかしよく考えてみればこれ等も生命の現れであって見ればその心性の持前が人間を毒するのでございません。使い方が悪いのでございます。

嫉みというようなものも自分より優等なものに向って羨しい心を起すだけならいいが更に進んでこれを妨害しようとする副作用を起すならば人間の進化に害毒を流すことになります。しかし羨しいからその優等者に向って正当な方法で競争して行く、こうならば人類の文化の発達を促して行きます。恨みや憎みとてもそうです。この感情に衝動を受けても暗い報復手段を施さず正々堂々実力で向ってうち越えて行こうとするなら人間の力は増します。陰険な方法でこれ等の感情を使ったならば恐らく生命は満足いたしますまい。

人間性それ自身が悪いのではない。これを用いる用い方にその本性たる生命をけがすのがあります。

これに就《つい》て仏教の方で時《じ》、処《しょ》、位《い》という事を申します。あらゆるものその時機と場所と位置を得ずしては何物も悪となる。もし時機と場所と位置よろしきを得れば何物も善となる。例えばモルヒネという薬です。モルヒネ自身は悪でもないし善でもない。しかもそのモルヒネが人の腹を痛めた時機にその痛めた人の場合に応じ分量を考え医者というものの手の位置から注射されたらこれは薬となります。

もしモルヒネを人が健康な時機にそれを用ゆべきでもないのにその人間に害心でもあるような位置の人からその人に飲ましたら、そのモルヒネは悪を構成する要素になります。

煩悩即菩提というのは実に大胆で痛快極まる思想です。人間性の全部を肯定して生命の表現を担う力があるとするのですから。しかしこの人間性も使う方法に就《つ》いて今申した、時、処、位の条件を整えなければ折角生命の表現力あるものをむざむざ生命自身の敵にしてもしまいます。

嘗《かつ》て独逸《ドイツ》の文壇の元老だったある文豪はこういうことを言って居ます。「いけない性質の人間が最高の善を得ようと悩んで努力するその間に芸術は生れる。」まことに彼の作品は人間のそういった苦労の滋味が深い思想的のユーモアと混って芸術の味をよくしているのでございますが、彼の心掛けとする最もいけない人間というのは、最も強い人間性が時《じ》、処《しょ》、位《い》を得ずして誤り用いられているのを言うのでありまして、その人間性は善悪どちらにしろ生命の表現力は強いのでございます。それを人間の努力によって、時、処、位を整え善に振り向けようとする、其処に人間の異常な努力が要るのでございます。これこそ苦労の価打《ねう》ちとも人生の味とも申すものでございましょう。日本の諺に「悪に強いものは善にも強い」と申しますが、それは生命力の表現の強い人間の事を言うのでありまして、その人間が時、処、位を整う智慧を持たねば折角の強い力も悪になってしまうし、それを持てば善にも変る事を言うのであります。

法華経には生命の自覚者たる仏陀に敵対して仏陀を迫害したり殺そうとした、丁度耶蘇《ヤソ》教のユダに当る提婆《だいば》という弟子が、仏陀の口より「彼は未来に至って矢張り生命の覚者《かくしゃ》たる仏陀になれる」、と証明して居られます。これはどういう意味でしょうか。これは仏陀の大きな胸で生命の原理より悪の生命的価値を摘出説明されたのでありまして、宇宙に亙る大生命は悪をもその原質に於《お》いては自分の組織を担って居る一方の量価と見た実に偉大な思想であります。それは譬えば外科手術のようなものである。普通からいえば腹をさいたり手足を斬り落したりすることは悪であります。

しかしそれも医術という大きな手段の為《た》めに人間を生かす方法に使われて善の価値に変るのであります。提婆の悪も仏陀の達観した高い眼から御覧になれば生命に外科的手術を行う手段に見做され善の価値に転換せしめられたのであります。仏陀が如何に大きな慈悲の持主であるかがお判りになることと思います。

悪人というものの取扱いに就《つ》いては、生命の達観者はそうむごい扱い方をいたしません。そうしなければ宇宙の成立の辻褄が合わなくなるのであります。全智全能の造物主ならば、同じく自分のこしらえた人間をいじめる悪魔なぞを共に拵《こしら》える訳はないのであります。

この解決には独逸の文豪のゲーテなぞも随分疑問に悩まされて居たようですが、彼の世界的作品のファウストに於ては悪魔は神の別働隊であるという風な解決を下して悪魔にも慈悲を加えて居ります。

露西亜《ロシア》の文豪ドストエフスキーの作品「カラマゾフ兄弟」は未完成で彼は死んでしまっ

たのですが、それでもその作の意図は、神に近い聖者と獣《けだもの》に劣る背徳漢と同じ血の流れて居る兄弟が紙一枚の境で聖者と凡者とに別れる生命の不思議を描こうとしたことはほぼ窺われます。そして作家ドストエフスキーは可《か》成《なり》いたわった筆でこの背徳漢をかばって書いて居ます。

人間を動物的本能ばかりとみた十九世紀末の自然主義作家のあるものも観察が深くなるにつれ、人間の動物的本能の奥の扉を拓くと神々しい生命の光がうすく射して居るのに驚いて居ます。

要するに人間性は全部何一つとして捨てたりまた排斥するところなき生命の表現の道具です。ただ、時《じ》、処《しょ》、位《い》を誤らない事が肝要です。

法華経は、この最も現実の俗世間の真只中に分け入って、最も神秘的な生命を輝かせ、最も芸術的な人生の味を指摘して呉れる実に深い教えであります。

五

人生の目的は真と善と美に在ると申します。最もまことに最もよく最も美しくわれ等がなった時、それは人類、否宇宙全体が理想に達した時であります。これは何も他の事ではありません。われ等に内在するかの生命が遺憾なく全部の力を出し切った時であります。われ等とかの生命とが二重になっている。不透明になっている。矛盾を持っている。すると其処にまことならざるもの、よからざるもの、醜きものが残る。これはまだ至らない人生であります。

何故われ等と生命とが二重なのでしょうか？　われ等の智慧が生命の持つ機能をまだ充分理解せず、彼を使って行くのに誤りがあるからです。何故われ等が生命に対して不透明なのでしょうか？　われ等の心が生命の光に対してまだ従順を欠いてるのでそれを素直に受け切る事が出来ないからです。何故われ等は生命に対して矛盾してるものでしょうか？　われ等に生命の方向と同じ方向に張り切る力が足らず、何処か怠惰ないい加減な処を持って居るからです。

お互に智慧を励みましょう。そしてありとあらゆる生命の持つ機能を究め尽しましょう。仏教は極めて完全な程度にまでその知識を拡充して行けと指導して呉れて居ます。われ等は文化の与えて呉れるあらゆる便利を享《う》けて縦にも横にも宇宙大にこの知識を拡げて行かねばなりません。

お互に従順を徹底させて行きましょう。最も海に従順なる航海者が最も海を征服するように、よく生命の性質を呑み込んで彼の意志がわれであり、われの意志が彼であるまで、彼に従い尽したなら却ってわれ等は生命の征服者になるのですから。

お互に勇気を振い起しましょう。われ等の小さな自我はいつも型の小さいお手軽な自己満足の巣を作り易くあります。ともすれば冠《かむ》り勝ちなその頑な貝殻を払い捨て払い捨て、無限の高さ広さの生命の成長を遂げさせて行くには、超人間の意志と勇気が要ります。女女しくては適いません。肉体の出産にさえ苦痛は伴います。いわんや精神的出産には刻々の悲壮な陣痛ありと覚悟しなければなりません。

斯《か》くてその真、善、美の理想の世界に達した時、これを極楽とも浄土とも申しますが、或る皮肉家は人生に矛盾も苦悩も無くなった世界は嘸《さぞ》退屈であろう。極楽は蓮の葉の上であくび許《ばか》りしてるところだろうと申しましたが、これには一種の諷刺は認めますが、本当の極楽とはそういう性質のものではありません。その退屈やあくびさえも真善美化された絶対に完全な世界です。よしまた一歩を譲っても、最上の世界を望む本能がある以上、極楽へ入って極楽に不完全な点を見出したらまた完全を望み第二第三の極楽へ向け求願想望するに違いありません。その時、失望してより不完全なもとの人生へ逆戻りする気になれないのは知れ切って居ります。人の性は結局より良きものを追うてのみ行くのが自然なのですから――。

以上われわれが生命に対する覚悟の態度を述べましたが、実は此方《こちら》がそうあると同時に生命の方も向うからそうあるべく望んで居るのです。望んで居る許りでなく常に爾《しか》く働きかけて居るのです。

真善美とは生命の属性です。生命は、われ等衆生によってその属性を表現して貰おうと常に働きかけておるのです。智慧も慈悲も、実は生命が与えてわれ等に受取らせ、それによってかの生命自身を世の中に出して貰わんとするその鍵なのです。生命はそれ自身独立では人生に表現化、生活化されないのであります。そこで頼むようにして自分を人間に受取らせたがって居るのです。人間がもし絶対に素直になって智慧と慈悲の力で彼《か》の生命全部を担い出すことが出来たなら、それが人間の完全な真善美化です。完全な覚者すなわち仏陀です。ほとけというと何だか抹香臭《まっこうくさ》い消極的なもののように思いますが、それは教えを間違えて取次ぐ仏教者が悪いのです。本当の意味のほとけというものは最も文化的にあらゆる智慧を持ち最も積極的に人間を愛し最も芸術的に美意識も、美の体格も備えた新鮮な生命に充ち満ちた理想の人格の事を申すのです。二千余年前の印度《インド》時代の仏をわれわれは現世に求めて居るのではありません。二千余年前の印度時代に現れた釈迦は、その時代の理想を比較的完全に体現した人間でありました。しかしその釈迦をそのまま現代に持って来たなら、釈迦御自身でも自分は昭和には相応《ふさわ》しくない旧式の仏陀だと仰っしゃるでしょう。「お前達は何故おれの精神を汲んで時代に適する活々した新鮮なほとけになって呉れぬのだ」と涙を流されるでしょう。いや釈迦ほどのお方が現代に生れたら人に頼まずとも御自身をすっかり更生され、御自身をそのようなほとけとしてその生活を示され、わたくし達をしてもっと楽に生命に直面する文化的の方法を教えて下さったに違いありません。釈迦が現代に生れて下さらぬので私のような筋道違いの者が自分の専門の芸術を差し置き未熟な汗を流さねばなりません。

さて、生命はそれ程熱心に懸命的に自分の運び出されることをわたくし共に希《ねが》って居るのです。ですからわたくし共は自分で少しの力を揮うより、彼の力を出来る丈け素直に受けて用いる方が経済から言って徳用です。折角風が吹いてるのです。何も少ししかない石炭を燃やすより帆を上げた方が彼岸への航海は船足が進みます。

そこで信心という問題が起ります。信心というと矢張り旧臭《ふるくさ》い迷信を連想する人もありましょうが、その本意は前に述べました生命の自在性、生命の連絡性、生命の内在性、困果律による向上の法則等を理解し、しかもそれ等を此方《こちら》で骨折らずともわれ等の中に在る生命自らがわれ等に依って表現させようと常に働きかけて居る生命の本質そのものを信じて、任せ切る態度を言うのであります。

終りに臨んで申しますが、私達は日本に生れた日本民族の一人であります。この尊く深い因縁を身にも心にも噛みしめそこに当然湧出して来る日本人としての責任と努力に私達の最も重要な重点を置いて、そして仏教を活して使わなかったらそれこそ大乗仏教の現実尊重の理に外れることになります。よくよくお考えを願います。

表記について

一、旧字、旧仮名づかいで書かれた作品に関しては、原文を損なうことがないよう考慮しながら、次の方針に則って、表記の現代化を図った。

1　旧仮名づかいを現代仮名づかいに改める。ただし引用部分の原文が旧仮名づかいの場合はそのままとする。

2　「常用漢字表」にある漢字は原則として新漢字に改める。

3　漢字語のうち、代名詞・副詞・接続詞など、使用頻度の高いものを一定の枠内でひらがなに改める。

4　読みにくい語、読み誤りやすい語には振り仮名を付す。送り仮名は原文通りとし、過不足は振り仮名によって処理する。

一、本文中に差別的ととられかねない不適切な表現があるが、時代的背景と作品の価値を考慮しそのままとした。

＊テキスト一覧（収録順）

幸福な生き方　「女性仏教」一九五六年十二月号
貧富幸不幸　『露伴全集第二十五巻』一九七九年　岩波書店
幸福について　『ほとけさま』二〇〇〇年　ワイアンドエフ

浄瑠璃寺の春　『堀辰雄全集第三巻』一九七七年　筑摩書房
浄瑠璃寺の秋　『堀口大學全集6』一九八二年　小澤書店
仏法僧鳥　『斎藤茂吉選集第八巻』一九八一年　岩波書店
青年僧と叡山の老爺　『若山牧水全集第七巻』一九五八年　雄鶏社
冬の法隆寺詣で　『正宗白鳥全集第二十九巻』一九八四年　福武書店
平泉　金色堂　中尊寺　『中野重治全集第二十六巻』一九九八年　筑摩書房
普賢寺　『大佛次郎随筆全集第二巻』一九七四年　朝日新聞社
来迎会を見る　『澁澤龍彥全集22』一九九五年　河出書房新社
風景の中の寺　『福永武彦全集第十五巻』一九八七年　新潮社
死と信仰　『吉田満著作集（下巻）』一九八六年　文藝春秋
一つの安らぎ　『私の一日』一九八〇年　中央公論社
死について　『薄明のなかの思想』より『埴谷雄高全集第十巻』一九九九年　講談社
身辺記　亡き義母の夢　『志賀直哉全集第六巻』一九九九年　岩波書店
硝子戸の中（抄）　『漱石全集第八巻』一九六六年　岩波書店
死後　『明治の文学第20巻』二〇〇一年　筑摩書房
仏教の新研究　『岡本かの子全集第十巻』一九七五年　冬樹社

仏教の名随筆 1

国書刊行会編集部──編

平成十八年六月二十日　初版第一刷　発行

発行者……………佐藤今朝夫

発行所……………株式会社国書刊行会

〒一七四─〇〇五六

東京都板橋区志村一─一三─一五

電　話　〇三─五九七〇─七四二一

ＦＡＸ　〇三─五九七〇─七四二七

http://www.kokusho.co.jp

装丁……………………………山田英春

印刷……………株式会社キャップス

株式会社エーヴィスシステムズ

製本……………株式会社ブックアート

ISBN4-336-04780-4